やりたいことをぜんぶ実現する方法

Frame Your Mind to Achieve Your Goals

海竜社

はじめに

はじめての方、はじめまして！

またお会いできた方、いつもありがとうございます。

精神科医をしております、ゆうきゆうと申します。


あらためて、簡単に自分のことを説明させていただきます。

自分には、10代のころから、いろいろな夢がありました。

精神科医になりたいという夢。

悩んでいる人が一人でも「来て良かった」と思えるメンタルクリニックを作りたいという夢。

作家になりたいという夢。

多くの人が読み、「これを見て気持ちが楽になった」と思える書籍やマンガを作りたいという夢。

すべての行動を通じて、可能な限り、いっぱいの人に笑ってもらいたいという夢。

また何より、自分自身が毎日笑って生きていきたいという夢。

そして、今。

最後以外の、すべての夢がかないました。

(最後の夢だけは、日夜悪戦苦闘しつつ、かなったりかなわなかったりです。少なくともシメキリ前はかなっていません。シメキリ後はかなっています)。

実際、結果的に多くの夢をかなえてきた自分ですが、そのコツは非常にシンプルです。

「それしかない」というくらい、毎日そのことを考えるだけです。

ぶっちゃけ、僕は「やりたいこと」を「夢」と呼ぶのは、実はあまり好きではありません。

「夢」だと、「夜、眠るときに見る夢」という意味にも取れます。

ふわふわぼんやり、寝ているときだけ思い描くイメージ、というふうにも感じます。

そうではなく、とにかく毎日、寝ていようが起きていようが、「それしかない」レベルに、常に考え続けるのです。

魚がエラ呼吸をするように。

植物が光合成をするように。

当然のように、そのことだけを考え続けるのです。

ただ言うまでもなく、それは難しいことです。

失敗したり、うまくいかなくなるたびに、人は無意識にやりたいことをあきらめ…。

「それしかない」ことは「それ以外でもいい」というものになってしまい、最終的に「何でもいい」になってしまいます。


では、いったいどうすれば、その「それしかない」ことを心に思い続け、そこに向かって進み続けることができるのでしょうか？

そのために、僕が無意識に実践していたテクニックを、この本に記しました。


今、周囲には、僕をサポートしてくださる、たくさんの人たちがいます。

また自分自身がすごく大切に思う人たちも、いっぱいいます。

でも、人生は無限ではありません。

いつか何か、突発的なことだって起こるかもしれません。

いいえ、自分自身、100歳を超えてもバストバストと叫んでいる元気なおじいさんになる、と固く信じておりますが（これはこれで病気ですが）、それでも、もちろん万一のことが絶対にない、なんて言い切れません。

また何かの事情で、人に言葉を発信することができなくなってしまうことだってありえます。


これは、いつかもし、僕の大切な人たちが途方に暮れたときに、少しでもその指針になるように、と思って書いた本です。

またもちろん、何かやりたいことを実現したいと思いながらも、その途中で挫折してしまいそうな、あなたに向けての本でもあります。


あなたが迷ったとき。

疲れたとき。

苦しんだとき。

そんなときは、この本に書かれていることを、少しでもいいので実践してみてください。

この本を通して、少しでもあなたが、あなたの「それしかない」に向かって、進み続けることができますように。

2013年7月吉日

ゆうきゆう

Chapter 1

一歩動けば、一生が変わる

■ 行動しなければ、何も始まらない

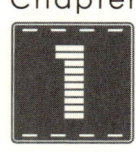

Contents

Chapter 2

やりたいのにできないのはなぜ？

■やる気を行動に結びつけるコツ

Chapter

3

人生は先手必勝だ

■スピードはすべてに勝る

Contents

Chapter 4

ネガティブな気持ちをポジティブに

■今を楽しむことが成功への近道

Chapter 5

夢は、必ずかなう！

■「継続は力なり」！

Chapter 1

一歩動けば、一生が変わる

■ 行動しなければ、 何も始まらない

1

いい面だけを、考える

あなたは何かをすぐ始められるタイプでしょうか？
仕事でも恋愛でも、すぐ行動できるタイプでしょうか？
もし、その答えが「NO」なら、きっと役に立つはずです。

▼意欲的で努力を継続できる人は…

クウェート大学のハッサン博士によると、

「何かの物事で、『明るい面』や『楽しい面』ばかりを考える人ほど、総じて意欲的になり、努力を継続できる」そうです。

ほら、思い出してみてください。何かの行動をいつまでたっても実行できない人は、大体において、こんな思考をしています。

「この仕事を始めても、○○なことだって起こるかもしれないし…」

「失敗したら、どうなるかな…」

「いや、もしうまくいったとしても、嫉妬する人もいるかもしれない」

「それに、この仕事には、こんな大変なことだってある…」

ついつい、悪いことばかり考えてしまい、いつまでたっても行動できない。

そのため、いつまでもウジウジと悩んでしまい、時間ばかりがたっているのです。

これ、僕も思い当たることがたくさんあります。

たとえば自分は２００８年からメンタルクリニックを開いたのですが、その際に、

「患者さんが来なかったらどうしよう」

「大きな問題が起こったらどうしよう」

「忙しくなりすぎて、サイトの仕事ができなかったらどうしよう」

なんてふうに、いろいろと悩んでしまいました。そのため、どんどん時間が過ぎていきました。

でも、ハッサン博士によると、「それではダメ」なのです。

意欲を持ち、何かを継続するためには、「明るい面」や「楽しい面」を考えていく必要があるのです。

そのことに気づき、僕はひたすらそのイメージを持ちました。

「多くの人が来やすいクリニックになれば、みんなも喜ぶはずだ」

「自分自身、やりたい方向で医療ができるはずだ」

「勤務医と違って、上から怒る人がいない」などなど。

その結果、どんどん開業に向けて、行動することができました。

▼あえて「いい面だけ」を考える

これ、どんな場合でも同じではないでしょうか。何かの行動を起こす際には、いい面もあれば、悪い面もあるもの。

そこであえて、「いい面だけ」を考えるのです。

いいえ、悪い面を無視しろ、なんて言いません。ただ人は、放っておいても悪い面ばかりを考えてしまうもの。そのため、かえって「いい面だけ！」と考えるくらいでバランスが取れるのです。

極端な話、悪いことなんて「起こったとき」に考えてもいいのです。生死がかかっているワケではありません。起こるか起こらないか分かりもしないのに、ただひたすら悪いことに思考を取られて、動かないのは最悪です。

とにかく、

「いい面だけを考えよう！　悪いことは、起こったときに考えよう！」

と考えることです。

「この仕事をしたら、モテるかもしれない！」

「この新企画で、お金が儲かるかも！」

「これがうまくいったら、すごく楽しいぞ！」

など、何でも構いません。

いい面だけを考え続けることで、あなたはやる気がよりアップし、何より継続力だって持ち続けられるのです。

▼最大の敵は想像の中にしかいない

自分自身、メールマガジンやウェブサイトを通して考えを発表していますが、それを始める際に、悩んだこともありました。

「いろいろと書くことで、悪く考える人が来たら、どうしよう…？」

「何かの団体とかが、攻撃してきたらどうしよう…？」

そう思って、少しだけ震えることもありました。

しかし、僕は考えました。

確かに、そうなったら、怖いです。でも、何もしないまま、想像の中の敵に縛られ、動けなくなってしまうことは、実際にどんな攻撃をされることより、ずっと情けなく、ずっと悲しいことだと気づいたのです。

それだけは、ダメだ…。

そう思って、僕は行動し続けてきました。

実際にやってみれば、現実に「想像の中の敵」レベルの相手が現れることはありませんでした。

いつでも、最大の敵は、想像の中にしかいないのです。

だから、あなたも、それ以上、心の中の敵と戦うのは、やめてください。

そんなのは、現実には、いないんですよ。

★夢をかなえる心の習慣01

○意欲的に努力の継続をするには、なるべく「いい面」「楽しい面」だけを考えよう。

○悪いことばかり考えて、何もしないのが一番ダメ。

2

舞台は自分で作れ

あなたはいつも、誰かの指示を待つタイプでしょうか？
それとも、指示をするタイプでしょうか？
もしあなたが前者なら、今回の話をぜひ読んでみてください。

▼成功している人ほど自ら動く

実はアメリカの心理学者であるウェイトリーは、多くのビジネスマンを対象にして、仕事で成功しているか、あまりうまくいっていないか調べました。

そしてそれと同時に、どういう行動パターンを取っているかを調査したのです。

その結果、

・成功している人ほど、「いろいろな物事が起こるようにする」

・うまくいっていない人ほど、「いろいろな物事が起こることに任せる」

ということが分かったのです。

実際、生活がうまくいっていない人に、「どうすればうまくいくか?」と聞くと「宝くじを当てるしかないかな」というように答える人も多いものです。

もちろん、冗談っぽく言うのは分かるのですが、本音の一つと考えることもできます。すなわちそういう人は、「宝くじ」くらいしか、逆転の方法を思いつかないのです。

しかし宝くじも、ただ買うだけで、結局当たるかどうかは他人任せ。自分で行動し、成功をつかむものではありません。すぐにこういう発想をしてしまうということは、普段から「任せてしまう」人で、だからこそうまくいかない…と考えることもできるかもしれません。

大切なのは、とにかくあなたが行動すること。**あなた自身が、すべての舞台を作り、人をその上で動かしていくことが必要なのです。**

▼ビジネスも恋愛も、自分の舞台で

ビジネスにおいても、相手の企画に乗っている時点で、あなたはいつまでも、ただの「演技者」です。どんなに高い出演料などをもらったとしても、それではあなたはいつまでも「任せる」人です。出演料が高い・安いの差はあれども、結局ずっとそのラインです。

それよりは、とにかく自分で「企画」を作ること。そうしないと、何も始まりません。もちろんうまくいかないリスクはあるかと思います。お金を失ってしまうこともあるでしょう。

ただ、それが怖いのなら、そもそも最小限の投資だけで、本当に小さく始めてしまうのも手です。失ってもそこまで痛手ではない、というレベルですね。

そんな小さな企画であったとしても、あなたは待っているだけの使われる側になる大きな企画より、ずっとずっとマシなのです。

「鶏口《けいこう》となるも牛後《ぎゅうご》となるなかれ」ということわざがありますが、今回の話は、まさにそれと同じです。

どんなに弱くても、小さくてもいいので、あなたが「鶏口」になって何かを始め

ていくことが、何より大切なのです。

これは恋愛でも同じ。

「合コン開いて!」「誰か紹介して!」

と言うだけでは、いつまでたっても、あまりいい出会いはありません。

とにかく自分自身で、出会いの場に行ってみる。パーティに参加してみる。もしくは自分自身で、何かを開催してみるのもアリです。

いずれにしても、待っている・任せている…というだけでは、得られるものが、自分で何かを作る人より、ずっとずっと少なくなってしまうのです。

どうか覚えておいてくださいね。

▼たとえどんな結果になっても

とにかく重要なのは、自分で動くこと。

たった一回の人生。たまには、あなた自身が何かを作るのも、面白いのではないでしょうか。

たとえ、どんな結果になったとしても。人の作った舞台のはじっこで踊っているより、それはずっと幸せな記憶になるはずですよ。

★夢をかなえる心の習慣02

○成功している人ほど、「いろいろな物事が起こるようにする」。
○うまくいっていない人ほど、「いろいろな物事が起こることに任せる」。
○そのため自分自身で何かを作るということを、常に心がけること。

3

若さよりずっと大切なこと

あなたは今までに、何をしましたか？
そして、これから残りの人生で、何を成し遂げようと思いますか？
もし何かやりたいことがあるのなら、この話をお読みください。

▼晩年のほうが、良い作品を作り出せる

心理学者であるサイモントンらは、172名の作曲家を対象にして、彼らが作った1919曲の音楽について調べました。

そしてその作品が「どれだけの評価を得ているか」と、また同時に、「その作品が生み出されたのは、作曲家が何歳のときか」を調査したのです。

その結果、多くの作曲家が「若いときの作品」に比べて、「晩年の作品」のほうが、名作だと評価をされることが多く、また論評などでも、総合的に高い評価を受けることが多くなったのです。

すなわち、この統計からすると、人間は、

「晩年のほうが、良い作品を作り出せる」

ということになります。

これは作曲家の統計ではありますが、ほかの分野でも同じような例はたくさんあります。

たとえば文学。かの文豪ゲーテが『ファウスト』を完成させたのは57歳のときです。さらに80歳の死の直前まで『ファウスト』第二部を書いています。

また同じく文豪ドストエフスキーが書いたもののうち、『罪と罰』『白痴』『悪霊』『未成年』『カラマーゾフの兄弟』が五大作品と言われていますが、このすべてが、45歳以降の晩年に記されています。

特に『カラマーゾフの兄弟』は59歳、死の前年に書かれました。

また日本人では、アニメーション映画監督の宮崎駿《はやお》氏。彼は現在69歳ですが、彼が映画「風の谷のナウシカ」を世に送り出したのは、43歳です。若い、という年齢ではありません。しかしそれ以降、現在までさまざまな映画作品を生み出しています。

さらにかのケンタッキー・フライドチキンの創始者である、カーネル・サンダースが、あのチキンの作り方を商売にし始めたのは、60歳を過ぎてからです。

▼年齢を言い訳にしないで

年を取るほど、人はエネルギーが低下したりする…。

若いころほど、いろいろなことができなくなる…。

情熱がいつのまにか失われてしまう…。

そんな常識は、誰もが心の底に持っているのではないでしょうか。

しかし、この統計は、「そうではない」ということを示しているのです。

さまざまな経験、学習、積み重ね…。その一つ一つは、何かを作り出すときに、「若さに勝る」のです。

しかし実際には、「才能が枯れた」かのように見える作家さん、作曲家さんなどは多くいます。ある時期にヒットを飛ばしても、それ以降鳴かず飛ばず。そういう人は、確かにたくさんいるように見えます。しかしそれは、そういうニュースや、そういう人ばかりが強く記憶に残るから、というだけなのです。

なぜ記憶に残るか？　それはもちろん、あなたが「それを認識することによって、安心したい」からです。

晩年になると、誰もが疲れてしまう…。

誰もが才能を使い果たしてしまう…。

そういう知識ばかり集めて、「だから自分もどうせダメなんだ、だから努力してもしょうがないんだ」と思うわけです。それにより、努力や行動をしない言い訳を作っているわけです。

でも、それは、間違いなんです。

覚えておいてください。あなたが、

「もう若くない」

「もう体力がない」

「今からいろいろとやってもムダだ…」

と思うなら、それはただ単に、行動しない理由を作っているだけです。

そうなれば、あとはただ枯れていくだけです。

くどいですが、今回の統計が示すことはただ一つ。

「人間、晩年のほうが、素晴らしいものを作れる」のです。

この言葉を聞いても「でも…」と逃げのセリフを探すか。

もしくは「よしっ…! やってみよう!」と思うかは、あなた次第です。

▼今からあなたのやりたいことを

あなたは今、何歳でしょうか。

残りの時間は、どれくらいだと思いますでしょうか。

人生は有限です。もしかして、「終わりまであとどれくらいか」を認識するからこそ、人はより濃密な時間を過ごそうと努力するのかもしれません。

さぁ、あなたは今日、そして明日、何をしますか?

そこに「遅い」なんて、ないんです。

あなたがやりたいことを、行動にしてみてくださいね。

★夢をかなえる心の習慣03

○晩年の作品のほうが高評価のことが多い。
○「若いほうがいい」という言葉を言い訳にせず、「晩年のほうが良い作品を生み出せる」と考えて、行動をし続けること。

4

今の状況で全力を尽くす

あなたは今の仕事や、今の職場、
または今の恋愛や夫婦関係に、満足していますか？
もし、「あっちにしておけば良かった…」と考えているのなら、
今回の話はあなたのお役に立つはずです。

▼ハネムーンは、続かない

テキサスA&M（Agricultural and Mechanical）大学の心理学者であるボスウェルらは、2522名のマネージャーを5年間にわたって追跡調査し、仕事と職務への満足度について調べました。

その結果、ある職場で不満が高まり、転職した多くのマネージャーは、転職をした直後は職務満足度が高くなることが分かりました。

これをボスウェルらは**「ハネムーン効果」**と呼んでいます。ロマンチックですね。新婚さんの気持ちが高まるのと同じというわけです。

しかし！　少し時間がたってきてしまうと、新しい職場での職務満足度が大きく下がってきてしまうことが分かったのです。また不満も次々と起こり、ストレスも抱え始めてしまうのです。

これをボスウェルらは**「ハングオーバー効果」**と呼んでいます。日本語にするなら「二日酔い」「後遺症」です。ロマンチックさが、ガラッとなくなりますね。ハネムーンの対比がこの言葉というのが、また切ないと思います。

新婚さんも、しばらくたつと、「飽きる」とかのレベルではなく「二日酔い」「後遺症」のレベルにまで落ちてしまうのでしょうか。泣けます。

いずれにしても、新婚さんもといい、転職した人は、

「最初は楽しいけど、すぐにまた気持ちが悪化する」

ということ。これ、結構、痛い真理を突いていると思うのですが、いかがでしょうか。

やや話がズレますが、フランスの劇作家である、アルマン・サラクルーの、こんな言葉を思い出します。

「人間は判断力の欠如によって結婚し、

忍耐力の欠如によって離婚し、
記憶力の欠如によって再婚する」
切なすぎる言葉です。
何にせよ、最初のうちは楽しかった気持ちも、すぐにダメになる…とまでは言いませんが、「それだけでは続かない」ということを、覚えておいてもいいかもしれません。

▼楽しいのは最初だけ

実際に、自分自身のことを、思い出します。

ある病院を見学して、とてもいい職場だと思い、そこに就職したことがありました。環境もきれいで、仕事も充実している。入る前は、そんな夢のような病院だと思っていました。

そして入った直後。まさに「空気中にマイナスイオンが漂っている」かのような、すごく安らかで楽しい雰囲気の中、仕事をしておりました。

しかし、半年もたつと、少しずつその気持ちが変化してきたのが分かりました。自分でもビックリでした。いえ、環境はまったく変化していないのです。しかしそれにもかかわらず、自分の中に、

「あれっ？　そんなに良くないかも…？」

という気持ちがわいてきたのです。

これこそが、「ハングオーバー効果」だったのかもしれません。

いずれにしても、人は何かに飽きたとき、新しい場所には、新鮮な喜びが満ちあふれていると思って、つい「場所変更」を考えてしまいます。

しかし、実際に場所を変えたとします。確かに最初のうちは、ハネムーンのように、大きな幸せを感じるかもしれません。でも、時間と共に、その喜びに少しずつ

慣れてしまいます。

そして結局、新しい場所であっても、同じように、不満や不安などがどんどん生まれてくる可能性もあるのです。

前より悪い可能性だってある

さらに、人間、時間と共に、当然ですが、年齢も重ねていきます。

20歳のときの結婚相手はよりどりみどりかもしれませんが、30歳、40歳となっていくと、どんどん相手の幅は狭まっていくはずです。

これは仕事でも同じ。若いうちは選べる仕事は多いですが、年を経れば、面接官の顔だって渋くなることも多いものです。

その結果、結局、若いときの仕事よりも、条件が悪くなることだって多々あるはずです。

すなわち、新しい職場というのは、それだけ良くない条件になる可能性は高いのです。

いいえ、だからといって、転職を絶対にするな、とは言いません。ただ、その危険を十分に知ったうえで、慎重に行うべき、と言っているのです。

いずれにしても、あなたが、

「とにかく新しい場所に行けば、幸せが待っている」

「新しい相手になれば、楽しいことばかり」

と思っているのなら…。

それは、甘いです。ただの、逃げです。

ただ「変わっただけ」「場所を変えただけ」で、幸せが続くことはありえません。

最初は楽しくても、結局は元と同じ…。いいえ、元よりずっと下になることもありえるのです。

大切なことは、今の場所で、状況を変えるための行動をすること。

もしくは、どうしても今がイヤで、新しい場所に変わるとしても、「そこで必ず、今以上の努力をするぞ!」と考えること。

くどいですが、変わっただけでは、結局、何も変わらないのです。

▼逃げる前に行動してみよう

どんな場所でも大切なのは、あなたの行動です。

新しい職場。新しい相手…。そこで今以上に努力をできる!

そんな自信がないのなら、今のまま変わらないほうが、マシなのです。

さぁ、あなたは本当に、新しい場所や、新しい相手なら、それだけで幸せになれると思いますか?

もし逃げるだけなら、その前に、もう一度行動してみてください。

言ってみれば、結局、「今以上の安楽や癒し」を求めて、新しい職場や相手に変わるのは、何の意味もないのです。

なぜなら、今よりずっと大変な努力が必要になるからです。それは安楽や癒しとは真逆になるかもしれません。

もしどうしても変わるのなら、「今以上の充実」を求めるのが正解です。

どうか覚えておいてくださいね。

▼選択肢は二つだけ

もしあなたがこれを知ったうえで、

「それでも、俺はやってやる！」

「新しいところで頑張るんだ！」

と思うのなら、それはあなたの選択です。

しかし、その際は「一回」と考えておいたほうがいいでしょう。

二回目、三回目…となるなら、それはただの逃避です。そのくらいの覚悟で、新しい場所で行動してみてください。

もう一度考えてみてください。

あなたは、今の場所で、もう少し頑張りますか？

それとも、新しい場所で、頑張りますか？

選択肢は、その二つしか、ないんですよ。

★夢をかなえる心の習慣04

○人間、新しい職場に変わると、最初は幸せに満ちあふれる。それこそが「ハネムーン効果」。

○しかししばらくすると、どんどん気持ちが悪化してしまう。それこそが「ハングオーバー効果」。
○もし、「新しい職場・新しい相手に変わりさえすれば、幸せいっぱいだ！」と思うのなら、それは甘すぎる。
○大切なのは、今の状況で、全力を尽くすこと。
○もしどうしても新しい何かに変えたいなら、「それだけで幸せになれる」という考えを捨てて、「今以上にそこで努力する！」と固く誓うこと。

5

何をしても同じ時間が過ぎていく

あなたは何かをするときに、
すぐ行動できるタイプでしょうか？
それとも「面倒」と思って、
時間ばかり過ぎてしまうタイプでしょうか？
今回は時間について考えます。

▼どこに行っても、何をしても同じ

僕が最近気づいた事実があります。

結局、何をしても、人間、同じ時間が過ぎていくのです。

たとえば休日。

家でボーッとしていても、フラッとコンビニへ行っても。

マンガを読んでも、勉強会などに出席しても。

もしくは温泉旅行に出かけても…。

どこに行こうが、結局、「同じだけの時間」が過ぎていくのです。

旅行に行ったら、同じ一日の時間が、変化するわけではありません。家にいたからといって、時間が延びるわけではないのです。

何をしてもしなくても、同じ時間が過ぎ…。同じ一日が終わるのです。そしてまた、同じく明日が始まります。

▼「何をしたか、していないか」が人生の差

ときどき、不思議に思います。世の中には、大金持ちもいれば、偉人として名を残す人もいます。しかし逆に、お金がなくて苦しむ人もいれば、何もないまま一生を終えてしまう人もいます。それぞれで、人生の長さに、そこまで差はありません。

なのになぜ、こういう差が生まれるのか、ずっと考えていました。

それこそがやはり**「密度の差」**。

「何をしたか、していないか」だけの差だと気づきました。

くどいですが、何をしても、していなくても、結局、同じ一日が終わり、同じ一生が終わるのです。

結局のところ、その差は「面倒くさがるかどうか」だけです。何かをしたいと思

ったときに「面倒くさい」とやめるのか。もしくは、「それでもやってみる」のか。

面倒くさいと思ったからといって、それだけ寿命が延びるわけでもありません。

一日が長くなるわけでもありません。

いいえ、かえって、刺激がなくなることで、変化も喜びもなくなり、最終的に寿命が縮まる可能性だってゼロではありません。

とにかく**「同じ一日が過ぎる」ならば、「何かをしたほうがトク」**なのです。

本当にシンプルですが、どうか覚えておいてくださいね。

▼行動をためらわないで

行動を、ためらわないでください。

やりたいことを、ためらわないでください。

笑っても泣いても。ただ無表情で過ごしても…。

同じように日は沈みます。
最後のときに、あなたがどんな気持ちでいるか。
それは、今この瞬間に行動するかどうか。
それだけなんですよ。

★夢をかなえる心の習慣05

○どんな行動をしても、同じ一日が過ぎる。
○面倒と思って何もしなくても、同じ一日が終わるだけ。
○結局「面倒くさい」という気持ちから一歩動くかどうかで、人生は変わってくる。

6

幸福は、行動の中に

あなたは今、「幸福」でしょうか？
そもそも、幸福を感じるためには、何が大切なのでしょうか？
そのヒントとなるのが、今回の研究です。

お金持ちは幸福か？

オランダの心理学者であるマイヤーズらは、雑誌「フォーブズ」に掲載されている世界の大金持ちを対象にして、「現在、どれだけ幸福か？」ということについて調べました。

実際、世界の大金持ちといったら、もうレベルが違います。さぞ幸福感に包まれているといって過言ではない…。そう思いませんでしょうか？

しかし、その結果、大金持ちの37％は、一般人の平均値に比べて、幸福感がやや低いということが分かりました。

わぁ！　大金持ちのうち、そんなにたくさんが、一般人より幸福ではなかったのですね！

………。

と、思うかもしれませんけども。

まぁ、うん。「一般人の平均値」というのは、まさに「真ん中」に来るわけですから。一般人の半分は、それより幸福。半分はそれより幸福ではない、と感じると思います。

すなわち50％が「平均に比べて幸福度が低い」と感じる…と考えられます。

しかし大金持ちという集団では、「平均よりも幸福度が低い」のが「37％」。まぁ、とりあえず一般人よりは、幸福を感じている人の度合いが多いのかもしれません。

でも！　それでも、１００％ではないのです！　大金持ちであったとしても、37％の人が、一般人より幸福と感じていないわけです。

▼幸福に一番大切なのは…？

では、どんな人がもっとも幸福なのか？　あらためて調査したところ、その答え

は **「人生にやりがいを持って生きていること」** だったそうです。

そうです。いかにお金を持っていても、それだけで幸せになれるわけではありません。それより大切なのは、とにかく自分でやりがいや目標を持ち、

「自分はこのために生きている！」

「自分の使命は、これを達成することだ！」

と感じながら生きていること。

そう思える人が、誰よりも幸福に感じていたというわけです。

▼お金を目標にしてもいい

もちろん、お金がまったく悪いというわけではありません。

たとえばあなたが、

「年収1000万円になりたい！」とか、

「いつか3000万円の貯金をしたい！」

と考えているなら、それはそれでアリです。それを生きがいや目標にして、毎日イキイキと頑張ることだってできるでしょう。その結果、幸せに感じられることもあるのではないでしょうか。

しかしそれは「その生きがい・目標に向かっているから幸せ」なのです。実際に1000万円の年収になったり、3000万円を得たとしても、もしかして、「あれっ…？　こうなったら幸せになれると思ったけど、今こうしてみると、それほど幸せではないかも…？」

と思ってしまうこともあるかもしれません。

それは決して、「その目標がくだらなかった」というわけではなく、ただ単に「達成してしまったから」です。

もしそれをゲットできたのなら、新しい目標を見つけて、そこに進んでいくことが大切になります。

「さらに高い年収を！　貯金を！」とかでもいいですし、もちろんほかに、「楽しめる趣味を見つけよう！」「この仕事をもっと究めよう！」など、別の行動でも構いません。

▼幸福はベクトルだ

何にせよ、とにかく大切なのは、

「生きがいや目標を持って、そこに向かって生きていく」

ということ。

そこに進んでいるというベクトルの中にこそ「幸せな自分」がいます。

「今は何もしていないけど、いつか幸せな自分という立ち位置にいることができるかもしれない」

なんていうのは、大間違いです。

「何もしていない」のがまずダメ。

そして何より、幸せは「立ち位置」ではなく、「向かっていくもの」なのです。

これを絶対に忘れないようにしてください。

どんなに高い年収も貯金も、またはどんなに高い地位も権力も、または最高の異性や恋愛などであっても…。とにかく一つの立ち位置がそのまま幸福につながるわけではありません。

「僕はこうなる！」

「私はこうなりたい！」

という気持ちを持って、そこに今、進み続けていること。

この行動こそが、何よりの幸せなのです。

実際に、かの文豪であるドストエフスキーは、こう言いました。

「コロンブスが幸福であったのは、彼がアメリカを発見したときではなく、それを発見しつつあったときである。幸福とは生活の絶え間なき永遠の探求にあるのであって、断じて発見にあるのではない」

幸福というのは、行動の中にしかないのですね。

▼あなたの目標は何ですか？

ですので、あなたが今、どんな立場にあったとしても、今この瞬間でも、幸せになることができます。

自分の楽しいこと、少しでも成長させたいこと、ちょっとした目標…。何でもいいので、それを決める。そしてそこに向かって、「じゃあ今は、これをしよう」という行動をするだけです。それだけで、幸福感を得ることができます。

逆に今、あなたがどんなにいい立ち位置や、どんなに素晴らしいものを持っていたとしても…。今この瞬間、目標を失っているのなら…。すぐにでも不幸になってしまうわけです。

あなたの目標は何か？

生きがいは何か？

それをすぐにでも考えることが、何より重要なんですよ。

▼とにかく、まずは二択

しかしこう言うと、

「自分の目標や、やりたいことが、何か分からない」

「どうすることが生きがいにつながるのか、自分の気持ちが分からない」

という人が出てきます。

こういうときに大切なのは**「二択」**。

漠然と、「何がいいんだろう」「どれがいいのかな…？」というように、広い広い選択肢を持っているから、迷うのです。

たとえばあなたが今、やるだろう行動を、とにかくボーッとでもいいので、「コレとコレかな？」と選んでみてください。

僕自身、今この瞬間であれば、「原稿を書くという仕事」と「ネットサーフィン」などが思いつきます。

本当にとりあえずの選択肢でアレなんですが。

ここでやはり、自分の生きがいや、目標につながるもの…というと、もちろん「原稿を書くという仕事」になります。ネットサーフィンをいくら続けても、何の生きがいにもつながりませんし。つながっても困るんですが。

となると、「じゃあ、今の自分の生きがいに近いのは、仕事だから、とりあえずそれを今はやろう」となります。

もちろん、それでも疲れたり飽きてしまったりして、ネットサーフィンなどをしてしまうこともあります。

それでも、「生きがいはこれかな」と考えて、その行動をするのは、漠然とダラダラといろいろなことをするより、よっぽど意味があると思います。

▼一つ一つの行動は小さくても

ほかにもたとえば、あなたが電車の中で、「あぁ、今の生きがいって何だろう」と考えたとします。

このときに、とにかく強制的でもいいので「二択」を考えること。

「何もしないでボーッとする」「本を読む」などが思いついたら、「じゃあ、どっちが生きがいや目標につながるだろう?」と考えてみる。

すると「まぁ、本を読んで知識を得れば、何かいい仕事内容が思いついて、生きがいにつながるかもしれない」など考えられる可能性もあります。

であれば、「じゃあ、この二つならば、本を読むのかな…」と思えます。

内容は何でも構いません。

漠然と「何がいいかな」「何をしようかな」というのを、あえて「二択」にしぼること。

そしてそのうえで「生きがいといえば、こっちかな」という行動をするだけです。

一つ一つの行動は小さくても、これを繰り返すだけで…。

連続したあなたは、自分自身が望む方向に、より近づいていくはずですよ。

▼すべては今のあなたの行動の中にある

神学者であるアントニー・デ・メロは、こんな言葉を残しました。

「今この瞬間にあなたが無常の喜びを感じていないとしたら、理由は一つしかない。

自分が持っていないもののことを考えているからだ。喜びを感じられるものは、すべてあなたの手の中にあるというのに」

幸福は、「場所」や「物」ではないんです。

すべては、今のあなたの行動の中にあるんですよ。

★夢をかなえる心の習慣06

○大金持ちだからといって、100%幸福ではない。37%は、一般人より幸福感を得ていない。

○幸福のために大切なのは「生きがい」だ。

○幸福というのは、絶対的な立ち位置ではない。何かの目標や生きがいに向かって、進んでいるという「ベクトル」。

○もし自分にとって何が幸福や生きがいにつながるか分からないのなら、とにかく「二択」にしぼること。
○そしてそのうち、生きがいにつながりそうなものを選び、常に行動すること。

Columun 1

不幸な人ほどテレビを多く見る!?

アメリカにあるメリーランド大学の調査によって、**社会的に成功しておらず、不幸に感じている人ほど、幸福に感じている人に比べて、「テレビを多く見る傾向がある」**ということが分かりました。調査結果によると、不幸に感じている人は、「1週間あたり平均25時間」にわたってテレビを見ていたのにたいして、幸福に感じている人たちは、「1週間あたり19時間」くらいになり、残りの時間は、新聞や読書などに割いているそうです。

まぁ、なんか正直、「25と19って、そんなに変わらないんじゃない?」という気もするんですけども。平均すると、1日に2時間チョイか3時間チョイか、という感じでしょうか。

それでも、時間に差があるのは確かなわけですけども。

実際、テレビではバラエティなど、楽しい番組を流していることが多いですが、それをたくさん見たからといって、幸福になれるわけではない…というわけです。なかなか興味深いです。まぁ逆に考えて、不幸を感じているからこそ、せめてその不幸を紛らわそうと、たくさんテレビを見ている…のかもしれません。

しかしちょっと自分で考えてみますと。たぶん僕、1週間で見ている時間、2時間くらいだと思います。お笑い番組を4本くらい録画して、ぶわっと見たいところだけ早送りして、2時間くらいで全部見る、という。それだけです。

おお！　この考えでいくと、僕って幸せな人間!?

………。

しかしよくよく考えてみれば、テレビは見てなくても、ネットを見ている時間は莫大な気がします。あぁもう、怖くて計算すらできない。危険すぎます。

これは果たして幸福と考えていいのか迷いつつも、今日も頑張っています。

Chapter

2

やりたいのにできないのはなぜ？

■ やる気を行動に結びつけるコツ

7

自分の欲望は人のためになる

「今日中に○○する！」「今月中に□□する！」
このように何かの目標や行動を決めたときに、
あなたはいつもその通りに実行することができますか？
もしその答えが「NO」なら、今回の話を読んでみてください。

▼行動には理由が必要

スウェーデンにあるウプサラ大学の心理学者であるハガフォーズ博士によると、**「人間がどんな行動をしようと思う場合であっても、その『理由』を自分自身で説明できないのなら、その行動を決して達成することはできない」**そうです。

たとえばあなたが「勉強しないと！」「この仕事を終えたい！」とただ思うだけではダメということ。

最初のうちは、「分かった…。やろう…」と思うかもしれません。

しかししばらくすると、気持ちがダレてきて、すぐに遊んでしまったり、飽きてしまったりする可能性だってあります。

それは「理由」がハッキリしていないからです。

勉強をするのなら、「いい大学に受かりたいから、この勉強をするんだ！」

仕事なら、「もっと出世したいから、この仕事を頑張るんだ！」など、ハッキリと考えることが大切です。理由は何でもいいのです。

▼恋愛でも、理由を考えよう

これはどんなことでも言えます。

たとえば漠然と「恋愛したい！」というだけでは、何も行動できないまま、終わってしまいます。

「一人で老後を迎えたくないから、結婚したい！　だからそのために、恋愛したいんだ！」でもいいですし、「一人で誕生日を過ごすのはイヤだから、彼女を作りたい！　だから恋愛をしたい！」などでも構いません。

とにかく簡単なものでもいいので「なぜ？」ということを考えることが大切です。

お金も具体的に考えること

また「お金を稼ぎたい！」と思う人も多いはずです。

しかしこのときも、きちんと「理由」を考えること。

「豪邸を建てるために、お金を稼ぎたい！」

「いい服を買うために、もっとお金が欲しい！」

など、何でも構いません。できるなら、より具体的なほうがいいでしょう。

また「金額」を決めたときでも、やはり明確な理由を考えるべきです。

よく「年収1000万円になりたい！」というような目標を立てている人がいますが、このときも、「なぜ1000万円でなければいけないんだろう？」と考えてみることが大切です。

「1000万円あれば、月に80万円くらいの計算で、家賃に○万円、服飾費に○万円……と計算すると、問題ない生活が送れるから」など、明確に考えてみてください。

「アバウトにこれくらい」とだけ考えるより、より強く行動しやすくなるはずです。

▼自分自身の欲望を認めたうえで…

ちなみに、これらをやりたい理由というのは、つきつめれば「自分自身のため」となるのではないでしょうか？

恋愛でも勉強でも仕事でもお金でも、言うまでもなく、一番の理由はあなた自身のためです。

そのことは、決して悪いことではありません。ていうかある意味、当然です。自分の欲望があるからこそ、人は行動できます。それを恥じる必要はまったくありません。

逆に「自分のためじゃない！　人のためなんだ！」と言い訳をする人より、ずっと正直でイイことだと思います。

ただ、まず何より、あなた自身の欲望である、と認めたうえで、

「自分のその成果によって、ほかの人にこんなにいいことがある」

と考えてみることも大切です。

「彼女を見つけて恋愛できたら、相手だって幸せにしてみせる！　そうすれば、今、恋人がいない女性を、結局幸福にすることにつながるんだ！」

「この仕事を完成させることで、今までこのサービスを受けられなかった人たちに、こんなにいいことが提供できる！　それで幸せにできる！」

「お金を稼いでそれを消費すれば、それを売っている人も売り上げが増えて、幸せになれる！」

など、何でも構いません。

このように「結局、ほかの人のためにもなるんだ」と考えることは、何よりあなた自身の理由づけを、より強めることにもつながります。

特に「自分の欲望のためだけというのは、恥ずかしいことなんじゃないか…?」と不安になってしまい、エネルギーが落ちてしまうこともあるでしょう。そんなときに「いや、ほかの人のためでもあるんだ」という気持ちを持つことで、活力を保ち続けるわけです。

どんな行動であったとしても、それが犯罪などでない限り、ほぼ間違いなく、ほかの人の幸せにもつながっているんです。

そのことをハッキリ認識することが大切なんですよ。

▼あなたの幸せは、みんなの幸せにつながる

世界は、つながっています。

あなたの幸福は、きちんと、ほかの人の幸福にもなっています。
だから、まずはあなたが、全力で幸せになることを目指して、進んでみてください。
それは結局、みんなの幸せにもつながるんですよ。

★夢をかなえる心の習慣07

○どんな行動であっても、その「理由」を考えること。
○それだけで、達成までのエネルギーがより強くなる。
○またそれが自分のためであることを認めたうえで、「ほかの人のためにもなる」という名目を考えてみること。
○それにより持続力がより強くなる。

8

たった「5%」でいい

あなたは、常に成長したいと思いますでしょうか？
この質問に「NO」と答える人は、ほとんどいないと思います。
では、いったいどのようにしたら、毎日成長し、
物事をいいふうに変えていくことができるのでしょうか？

▼「5％だけ」変えようと思うこと

心理学的には、「5％だけ」変更させようと思うことが、もっとも無理なく、気持ちや物事を変化させていくとされています。

たとえばあなたが、ある仕事を3時間かけていたとしましょう。

こんなときに、

「あぁっ！　3時間もかかってしまった！　こんなに長いとダメだ！　次からは2時間にしよう！」

と思うことって多いのではないでしょうか。もしくは、

「いやいや、もっとムダを省けば1時間で終わるはずなのに…！　次からは絶対に1時間だ！」

と思うことだってあるはずです。

しかし、そう決心したにもかかわらず、やはり時間はダラダラと過ぎてしまい…。やはり同じく3時間…。いえ、それこそ3時間半や4時間かかってしまうことも多いはずです。そこでやはり、

「くそっ！　4時間もかかった！　今度こそは2時間で…！　いや、今回の罰として30分で終えてやる！」

と決心。でも、次回も同じことの繰り返し…。ということも多々あるのではないでしょうか。

ですので、それは「間違い」なのです。

とにかく、5％だけ。すなわち、あるときに3時間かかったのなら、3時間＝180分ですから、その5％の9分だけ短くしようと思えばいいのです。

つまり、「次は170分くらいで終える！」と思うことが大切なのです。

それなら、ほとんど無理なく達成できるはずです。

▼4回繰り返せば20％もの短縮に！

たかが5％とあなどらないでください。0・95を4乗すると、だいたい0・8です。つまり、5％の短縮を4回ほど繰り返すだけで、20％も短縮することになるのです。

このように、5％を繰り返していけば、かなりの短縮が行えるはずです。とにかく**「1回の変化は5％」**。このことを覚えておいてください。

これは仕事の質でも同じです。

ある仕事の量が決まっていたら、

「今回は、前回より5％ほど質を高めよう」

「前回より5％ほど面白さを増やしてみよう」

と考えることも大切です。

人間、「前回以上」というのは、実はすごく難しいものです。同じラインの記録をたたき出すのすら、できないことだって多いもの。

そんなときに「さらに倍！　いや数倍！」なんて思うと、かえって気持ちが疲れてしまい、無意味な重荷を背負うことになります。

とにかく「たった5％」。そのように意識することで、リラックスして、気持ちを前向きにすることができるのです。

これ、何かの仕事を新しく始めたい場合も同じ。

「いつかやる！」と思ったまま、たとえば1カ月にわたって、何もできないことって多いのではないでしょうか。

そんなときに「今月こそ、フルにその仕事をやる！」と思っても、やはり何もできないはずです。

この場合も同じく「5％」。

1カ月が31日とするなら、5％は、1・5日程度です。すなわち「今月は、1・5日でいいからこの仕事をする！」と心がけること。

それだけでも気持ちがグッと楽になって、行動しやすくなるはずです。

どうか覚えておいてくださいね。

▼千《せん》里《り》の道も一歩から

「千里の道も一歩から」という言葉があります。

どんなに小さくても、とにかく進むことが大切。

いっぺんに千里を進もうとすれば、無理が出て当然です。

大事なのは、立ち止まらないことです。

進み続ければ、いろいろと見つかることだってあるかもしれません。

それは止まっていたら、決して見えないことなんですよ。

★夢をかなえる心の習慣08

○心理学的にもっともよい変化こそが「5%変えよう」と思うこと。

○それ以上に一気に変えようとすると、かえってプレッシャーがかかり、うまくいかなくなってしまう。

○とにかく5%だけの変化を意識することが大切。

9

どうして、ではなく、どうしたら

あなたは何かミスをしたことはありますか？
もしくは何かを始めようとしても、
どうしても進められないことはありますか？
今日はそんなときに、少し役立つ話をお届けします。

▼優秀な人ほど、他人のせいにはしない

アイオワ大学の心理学者であるバラックは、100名以上のさまざまな分野のビジネスマンにたいしてアンケートを行いました。

その結果、優れたビジネスマンほど、「何かが起こったときに、他人のせいにせず、自分で責任を取る」ということが分かったのです。

実際、何かがあるたびに、

「私のせいではありません！」

「あのときに〇〇と言われたから…」

「あの人が△△したから…」

というように言い訳をしたり、ほかのことのせいにする人は多いものです。

しかしそういう人ほど、常に責任転嫁を行い、自分の仕事は適当だったりします。

そのため注意をすると、同じようにまた人のせいにして…ということを繰り返しています。

▼「どうしたら、できるようになるのか」を考える

あなた自身、思い出してみてください。

過去にうまくいかなかったこと。何かをやろうとしても、始められないこと…。

それはいったい、何のせいでしょうか？

時間がないせい？

ある人にうまくいかないと言われたから？

そんなふうに、「ほかのせい」にしているなら、要注意です。

その思考をしていたら、いつまでたっても、あなたに進歩はありません。言い訳をし続けているあいだに、どんどん時間ばかりが過ぎていきます。

結局、人間、「自分のせいではない」ことなんて、「ない」のです。

すべて、あなたの責任なんです。

というか、「何かのせいにする」こと自体、まったく意味のないことです。

「どうして、できなかったか?」

ではなく、

「どうしたら、できるようになるのか?」

だけを考え続けること。

とにかく「どうしたら」と考えるクセをつけてください。

今この瞬間、「どうしたら」という言葉を10回、口にしてみてください。心の中で繰り返すだけでも構いません。


「なぜ」「どうして」ではなく、「どうしたら」です。

このようなクセをつけるだけで、うまくいかないときに責任転嫁したりして、その場に止まってしまうことはなくなるはずです。

どうか覚えておいてくださいね。

過去の呪縛《じゅばく》にとらわれないで

人間、生きれば生きるほど、過去の体験が積み重なっていきます。

そのため、過去を後悔する人は、年を取れば取るほど、後悔する内容が増えていってしまいます。

どんなに長生きをしても、あとになるほど、生きづらくなってしまうのです。

その呪縛にとらわれるのは、やめてください。

大切なのは、今この瞬間を、どう生きるか。

それだけで、毎日が少しずつ変化していくはずですよ。

覚えておいてくださいね。

★夢をかなえる心の習慣09

○何かがあったときに、「人のせい」にする人は、結局仕事ができない人。

○人のせいではなく、すべて自分の責任と考えること。

○それ以上に「なぜ」「どうして」と、できない理由を分析するよりも、「どうしたら」できるかを考えること。

10

最初に褒美をもらうな

あなたは、仕事や勉強を、すぐに集中して開始できますか？
それとも何かをする前に、
ダラダラと時間ばかり過ぎてしまいますか？
もし後者なら、そんなあなたに役立つ、
ちょっとした知識をお教えしましょう。

▼ご褒美は最初？　あと？

カナダのアルバータ大学の心理学者であるキャメロンらの調査によると、人間は、**「何もやっていないうちからご褒美をもらうと、かえってやる気が低下してしまう」**

そうです。

すなわち何かを始めるときに、

「よしっ！　始める前にマンガを読もう！」

「やる気がわかないから、やる前に、少しだけネットサーフィンしよう…」

「勉強の前に、ちょっとだけ寝よう…」

「始める前に、好きな音楽を流しておこう…」

なんて思ってしまうと、まったくダメということ。

調査結果の通り、その喜びが終わったあとに、「やる気がさらに低下」してしまうのです。

特に楽しい気分になればなるほど、つらい気分が「落差」のように感じます。その結果、さらにやる気が落ち込んでしまうわけです。

せめてやる気を高めようとしてのプラスのご褒美なのにもかかわらず、逆効果になってしまうわけですね。

▼最初に「薬」、終わったら「角砂糖」が鉄則

ですので、何かを始める前に、「やる気を高めるために、最初にご褒美を…」なんて考えているのなら、とにかくグッとガマン。

最初はつらいのです。当たり前のことなのです。それをプラスの何かで中和させることなんて、できません。

「ピノキオ」という童話で、ピノキオが苦い薬を飲む前に、角砂糖をねだるシーンがあります。しかし当然ですが、角砂糖を食べたあと、薬を飲もうとはしませんでした。角砂糖を食べると最初は幸せですが、そのあとの苦い薬がかえって苦く感じてしまいます。

とにかく最初に、苦い薬。終わったら、最後に角砂糖。

このように考えておくことが大切です。

どんな仕事でも、どんな勉強でも、「始めるとき」だけが一番つらいものです。始めてしまえば、意外にも面白かったりするものです。

マラソンや散歩と同じかもしれません。

最初はやる気がわかなくて、「面倒だ…」「大変だ…」「あぁぁ…。外に出るなんて寒いしつらいなぁ…」なんて思うこともあるでしょう。

しかし実際に走り始めてみると、いろいろな景色が見えてきたりして、つらい気持ちが、不思議と快感へ変わってくることもあります。

そして、すべてが終わったときに、あらためてプラスのご褒美。それこそが最終的に、もっとも「気持ちいい」と感じるのではないでしょうか。

たとえば10の仕事があるのなら、10の仕事、すべてが終わったときに、はじめてご褒美です。

0の時点で褒美をもらったら、1すら始められません。また、3や4の時点でご褒美を得てしまうと、5から先がなかなか始められません。そのまま3や4で止まってしまう可能性も高くなります。

ご褒美をもらうなら、「そこでもうやめるんだ」という覚悟を持つことです。

やる気を高めるためであっても、逆効果なのです。

これはもちろん、他人にたいしても同じです。

「勉強したくないの？　じゃあ、最初に○○買ってあげるから」

「仕事をするなら、最初に前金をあげよう」

などと言うと、その瞬間は喜んでくれますが、「じゃあ、始めて」という段階になると、やはり、やる気が低下しているものです。

「ここまで終わったらね！」というように、とにかく「終わったあと」にすることです。

▼つらいことが、当たり前だと思うこと

とにかく「最初はつらくて当たり前」、いえ、**「つらい中にいることこそが、自然と考えろ」**というのが、何よりも重要な事実です。

楽しくないと始めない、やる気がわかないと始めない…。なんて考えていたら、いつまでたっても何も始められません。

というか、それこそ始める前から楽しさを感じてしまうと、それが無意識の「ご

褒美」になって、そのあとに少しでもつらいことがあると、かえってやる気が低下してしまう可能性もあります。

とにかく「つらいのが当たり前で、逃げようとしてはダメ」なのです。

たとえば仕事中に、どうしてもネットを見たくなった。メールをチェックしたくなった。遊びたくなった…。

これも「ご褒美」です。

ある仕事やある物事をしていて、「そこ以外」で喜びを得ようとするのは、ただの逃げです。

とにかく「今やっていることそのもので喜びを得る」こと。

つらくて当たり前。逃げたらより、つらくなるだけ。そして、つらいことの中にこそ、楽しいことがある…。

そう思うことが何より大切です。

▼やる気と不満は別物

「ハーズバーグの二要因理論」というものがあります。それは、「人間の行動には、二つの要因がある」というもの。二つとは、**「衛生要因」**と**「動機付け要因」**です。

たとえば、

「これがあるから、イヤだ…」

「給料が安いから、働きたくない…」

など、不満にあたるものは、「衛生要因」です。

逆に、

「こういうことがあるから、今の仕事を続けたい」

「ここが面白いから、この勉強が好きだ」

などは「動機付け要因」です。

そしてハーズバーグによる、この理論の重要なところは、この二つは完全に「二要因」、すなわち、「別な二つ」であるというのです。

分かりやすく言えば、「やる気と不満は別物」。

衛生要因をいくら解決しても、だからといってやる気がわき上がるわけではありません。

それこそ先ほどの話のように、仕事や勉強そのもの以外のところで満たしても「かえってやる気が低下」する可能性もあるのです。

「さみしいな…」「楽しいことがほしいな…」と思うのなら、とにかく「今、つらいんだよな。でも、それが当たり前なんだ」と考えることです。

自分一人だけが、つらいこと、大変なことをしているワケではありません。

「それは成功する人なら、誰もが通る、当たり前のことなんだ」と考えれば、さらに行動するエネルギーがわいてくるはずです。

これは、誰かから悪口を言われたり、仕事がうまくいかないときなどの、どんなストレスに関しても同じことです。つらいことを「それが日常であり、当たり前のことなんだ。これで、いいんだ」と考えてください。

▼顔にかかった水を拭くな

想像してください。

たとえば突然、顔に水がかかったとします。このとき、その水を拭き取りたくなるのは、当然の心理です。

しかし、これこそが間違い。きれいになったらなったで、また新たな水がかかったときに、さらに気になってしまうもの。これを繰り返していたら、何も手に付かなくなります。

「顔に水があるのは当たり前で、自然なことなんだ」とイメージすれば、逆に気にならなくなるものなのです。

もっと言うなら、**今のさびしさ、つらさ…。こういうものを抱え、ためながらも、仕事を頑張る。続ける。このエネルギーがたまるからこそ、より良い仕事ができる。**

そう考えることです。

「つらさがなくなったほうが、気分よくいい仕事ができるはず」と考えているなら、真逆です。

つらさが当然です。そのように、頭でも体でも認識しておくことです。

ただ、つらいことを抱えすぎると疲れ切ってしまうので、「一日にやる仕事が完全に終わったら、自分にご褒美を」ということだけは意識することです。

いずれにしても、とにかく重要なのは「仕事や勉強を、進めていく」こと。

そこにこそ、本当にスッキリした喜びが生まれてくるものです。

目の前の小さなつらさを気にせず進めた人だけが、最終的に、もっとも大きな幸せや快感を得ることができるのです。

▼あって当たり前なんだから

誰かに何かを言われた。お金が足りない。うまく進められない。こんな心配事がある…。

こういうすべての「つらさ」は、誰だって気になることでしょう。

しかし、そんなつらさから、完全に逃れることはできません。ただでさえ、人間はどんどん老いていくもの。

体や脳の衰えも「つらさ」として考えるなら、それは年と共にさらに増していきます。完全にそこから無縁になることなんて、できないのです。

それを消し去ろうと思わないでください。

それが当然。あって当たり前。

そう考えることこそが、後悔のない一生を送るために、何よりも重要なことなんですよ。

★夢をかなえる心の習慣10

○何かを始める前にご褒美をもらってしまうと、逆にかえってやる気が低下してしまう。
○とにかく「すべてが終わったあと」と認識すること。
○そしてそれ以上に「さびしさ・つらさ」を「当然のもの」と考えること。
○つらさをすぐに解決しようとしていると、いつまでたっても新たなつらさが出てくるたびに前に進めなくなる。

11

あえて仕事を増やしてみる

あなたは仕事で、疲れたことはありますか？
勉強をしていて、大変と思ったことはありますか？
もし本当にそう思うのなら…。
それはもしかして、「やる量が足りないから」なのかもしれません。

▼仕事が増えるほど…？

アメリカのインディアナ大学の心理学者であるフォックス博士らによると、

「人間は、少しの作業があるときに比べて、ある程度多くの作業が増えると、全体的に反応が鈍くなる」

そうです。これはまぁ、納得ですね。

しかし、さらに続きがあります。

「ただ、それよりもさらに仕事が増えると、今度は逆に、反応が早くなる」

人間、確かにある程度の仕事があると、疲れてしまいます。

しかし！　そこを超えて、もっと仕事が増えてくると…。

かえって意識がアップして、反応や集中力が高まってくる可能性があるわけです。

これ、結構面白い話だと思うのですが、いかがでしょうか。

▼時間があるからできるわけじゃない

実際に、仕事をしている人から、仕事を取り上げたとします。すると、イキイキしてくると思いますか？

その答えは、残念ながら、ＮＯです。

定年を迎えて、家で過ごしている人が、どんどん意識がボンヤリとしてくることが、よくあります。また、閑職に追いやられ、何もやることがなくなった人が、少しずつ気持ちが落ち込むことだってあります。

大変な仕事を休みたい・辞めたいと思う人は多いですが、実際にその仕事を休んだり、また退職したりしても…。決してそれだけで、精神状態がすごく良くなるわけではないのです。

休むだけではなく、ほかの趣味を持つとか、またはカウンセリングなどを併用して、自分の気持ちを整理していくとか…。そういう行動が、必要なのです。

僕自身も、仕事が何もなくなってしまうこともあります。しかし、だからといって、すごくいい気持ち…というわけではありません。それこそ、ダラダラと過ごしてしまって、そのあとに後悔してしまう、ということも多々あります。

逆に、原稿のシメキリだったり、たくさんの診察だったり…。何かをしているときのほうが、かえって気楽なことが多いです。また、仕事が忙しいときほど、ほかにももっといろいろとやりたくなります。

反対に、仕事が少なくなっても、「あ、時間が取れたから、コレをやろう」と思えるわけではなく、気づくと時間ばかり過ぎてしまいます。

時間があるから、何かができるわけではないのです。人間、ヒマだからといって、いいわけではありません。

ですのであなたが「仕事が大変」と思うのなら…。もしかしたら方法として「さらに仕事を増やす」というのも、手なのかもしれないのです。

▼100点を狙わず、いろいろなものに手を出そう

いいえ、だからといって、たとえば仕事を無意味に背負い込め、というわけではありません。

個人的にオススメしたいのは、副業です。

ほかの仕事、もしくはほかの勉強…。そんなふうに自分のやりたいことを、プラスでやってみてください。それによって、かえって刺激が増して、気持ちが安定してくることも多いものです。すると、今まで苦痛だった仕事にも、余裕をもって接することができる可能性も高くなります。

さて、こう言うと、「そんなにいろいろ手を広げてしまったら、全部が浅く、不完全になってしまうのでは…?」という意見が出るかもしれません。

実は、**「パレートの法則」**というものがあります。これは「80対20の法則」とも呼ばれ、たとえば、

「全体の作業のうち、大切な20％が、儲けの80％を占めている」

「作業時間のうち20％で、80％ほどの大切なことを行っている」

などの法則があります。

それこそ、一つのことを100％で行おうとして、ムダに頑張りすぎるより、もっとも大切な部分、楽しい部分を、20％程度で行うことで、80％ほどの成果をあげられるわけです。

いえ、それこそ20％・80％と厳密に当てはまるわけではないかもしれません。

しかし、とにかくすべてを完璧にしようとするより、「適度なところで十分」と考えることが大切です。

いろいろなジャンルで70〜80点を取っていれば、一つのジャンルだけで100点

を取るより、総合得点はずっと上がります。それで、いいのです。

完璧主義になりすぎず、いろいろなものに手を出して、それぞれを70～80点でまとめる。

このように意識していくことが、もっともあなたの気持ちを楽にして、全体を一番効率的に回転させていくことにつながるんですよ。

▼自分の「限界」は、思い込みかもしれない

人間にとって、何よりもつらいことは、忙しさではありません。ヒマさです。やることがない。ムダに時間が過ぎていく。それは自分の心から「ハリ」を失わせていきます。ハリというのは、文字通り、糸の「張り」こと、緊張です。

もちろん張り詰めすぎていては切れてしまいますが、だからといって、まったくダラーンとしておくのは、個人的には、切れているのとまったく変わりないと思い

ます。

あなたの今の状態から、もう一歩だけ、前に進んでみること。

限界だと思っていたのが、自分の思い込みだった…という可能性もあります。

進んでみれば、今までの自分の世界がどれだけ狭かったか、気づくこともあるはずですよ。

★夢をかなえる心の習慣11

○大変なら、さらに仕事をプラスしてみること。
○もちろん理想は、自分にとって楽しい仕事。
○結局、「忙しさ」よりもずっとずっとつらいのは「ヒマさ」。
○たとえ完璧でなくても、いいトコ取りで楽しむこと。

Columun **2**

仕事中のネットサーフィンは生産性を上げる!?

あなたはネットが好きでしょうか？　そしてあなたは、仕事が好きでしょうか？

その関係について述べた、こんな調査がありました。オーストラリアのメルボルン大学で、300人を対象にして、「仕事中にネットを見るかどうか」と、その人の仕事の生産性の関係を調べました。その結果、**仕事中にネットを閲覧している人は、そうでない人に比べて、生産性が9%高いということが分かったのです。**

ちなみにネットを閲覧している内容は、「オンラインニュースの検索」と「製品情報の検索」などがメインでした。そう！ネットで遊んでいる人ほど、生産性が高いのです！なんてステキな結果！

ちなみにメルボルン大学によると、「人は集中力を継続するためには、適度な休息をはさむ必要がある。そのため、ネットサーフィンは、適度な休息として最適で、それによってトータルの集中力が高まり、生産性がアップするのではないか」だそうです。

うん。まぁ。一瞬納得できるんですけど。個人的には、**「知性が高い人ほど好奇心が高く、そのためついネットをたくさん見てしまう」**、そして「知性が高い人ほど、生産性も高い」という理由もあるのではないかと思います。とはいえまぁ、適度なネットサーフィンなどをするのは、仕事のためにもイイということは、一つの真実のようです。やったあ！

………。

ちなみに調査には続きがありました。「ただネットサーフィンの時間は、仕事時間の20%未満が望ましい」そうです。

………。

平気で半分以上やっている自分を思い出しながらも、今夜もこうして原稿を書いている僕です。

Chapter

3

人生は先手必勝だ

■ スピードはすべてに勝る

12

とにかく始める！

あなたは、何かしたいことがありますか？
どうしても思いを伝えたい相手がいますか？
そんなときに、もっとも大切なことは、
「スピード」です。

▼考えている時間なんてない！

人生は短い時間しかありません。考えているあいだに、いつのまにか時間が過ぎてしまいます。10代、20代なんて、あっという間です。

心理学的にも、人間は「年を取るほど、一年が短く感じるもの」とされています。小さいころは、すごく長かった一年が、あっという間に過ぎ去ってしまいます。

たとえばこの原稿を書いているのは12月ですが、毎年、気がつくとすぐにこの時期です。この一年も、あっという間でした。

このように、何をやっても、すぐに時間が過ぎてしまうのです。

では、いったい何が大切か？

もっとも大事なことは、とにかく「早くやる」ことです。

いかにやるか。

どうやって失敗しないようにするか。

どうすれば、うまく行うことができるか。

そんなことを考えている時間はないんです。とにかく、始めること。何でもいいので、まずはスタートラインに立つことです。

▼準備期間＝「ウダウダと迷っている期間」

何も始めないうちから考えるのは、本当にビックリするくらい、時間のムダです。

実際に始めてみれば、最初の思考なんて、何の意味もないことに気がつきます。

それだけたくさんの出来事や、状況の変化が起こってくるからです。

自分自身、クリニックを始めたり、または最初にメールマガジンやウェブサイトを立ち上げたりする中で、痛いほどそれを感じました。

最初のアイデアや考えなんて、すべて机上の空論です。

たとえばクリニックで考えると、最初の患者さんの想定や、もしくはクリニックの規模、治療の方向など、当初の想定と、現在の状況というのは、まるで違っています。

またメールマガジンでも、最初に「こういうことを書こう」と考えていたネタの大半は、実際に書き始めてみると、「実はたいしたことがなかった」「書くほどではなかった」「そのまま書いてもしょうがなかった」「別の見方があった」などが分かってきました。

このように、最初にいかに計画を立てても、それはほとんどまったく無意味です。

とにかくまずは始めてしまうこと。

場当たりでもいいんです。その場その場で、知識を得て、状況を考えて、「じゃあこうしよう」という手段を取っていくこと。

とにかく始める前からいろいろと考えて、時間ばかりが過ぎてしまうのが、一番ムダです。始めてさえしまえば、絶対に、スタートしてから数カ月で、最初の想定からはるか離れた場所にいるはずです。

でしたら、たとえば一年かけて準備するよりも、一刻も早く始めてしまったほうが、ずっとイイのです。

一年の準備期間は、ただ単なる「ウダウダと迷っている期間」です。

とにかく始めてください。

いえもちろん、「失敗する」可能性だってあります。

ただ、だからといって、最初にいろいろと準備をしたからといって、失敗する可能性がそこまで減るわけではありません。

くどいですが、半年後の状況は、最初の想定とはまるで違っているのです。

途中で大きく失敗した場合、最初に調べていたからといって、失敗しない…ということにはならないのです。

とにかくまずは始めること。そして、始めたうえでいろいろな状況を知り、そこで新しく考えていくことです。

▼多くのことを早く体験する

繰り返します。

もう、迷うのはやめてください。それは時間のムダです。

たとえ失敗しても、うまくいかなくなっても、死ぬわけではありません。

それに「失敗は成功の母」とも言います。失敗をすることによって、「あぁ、ここまでくると危険なんだ。だったらこうしよう」と判断することができます。

さらに人間、危機が迫ると、恐ろしい勢いで気持ちを高めて、強く学習します。

すなわち「こういうことがあるかも…」という思考より、「実際にこういうことがあった…」という思考のほうが、ずっと強いのです。

頭だけで考えていく人よりも、何度も体感している人のほうが、最終的にいろいろなことにたいして強くなっていきます。


この「スピード」というのは、回転率でもあります。


早く始めるだけでなく、とにかく「多くのことを、早く」体験していくこと。

仕事だったら、たとえ荒くてもいいので、たくさんこなしてみてください。それによって、学んでいくことも増えていきます。失敗を恐れて、とにかくていねいにじっくりと…と思うより、とにかく早めに仕上げていくことです。

▼恋愛でも、スピードを！

これは恋愛でも同じです。

告白でも、デートの誘いでも、何でも同じ。

「こう告白したらどうなるだろう…」

「一番いい誘い方は…」

という知識は、もちろんあるに越したことはありません。本やネットでたくさん読めば読むほど、血となり肉となるでしょう。

しかし！

本当に今！　この瞬間に好きな人ができたのなら！

そんなのを読んでいるヒマはありません！

ただとにかく、一刻も早く、声をかけること。一刻も早く、その気持ちを伝えることです。

たとえば「理想のデートスポットは、雰囲気が良くて夜景の見える場所」とか学習したとしても、相手がそもそも、日中しか時間が取れないことだってあるでしょう。

「デートではお酒を飲むとうまくいきやすい」と学んだとしても、相手がそもそもお酒を飲めない人の可能性だってあります。

とにかく、ぶつかってみたら、想像とまるで違う状況…ということだって、たくさんあるのです。

まずは考えるより先に、とにかく行動してみること。

フラれたら、フラれたっていいんです。それはすべて、あなたの経験値になります。本などよりずっとずっと、あなたの生きた知識になります。

とにかく**「早く始めること」**。

そして何より**「とにかく回転させること」**です。

▼それは自分を殺しているのと変わらない

くどいほどに、繰り返します。

とにかく「何より早くやる」こと。

今、いくら考えても、いくら準備しても、それは始まったら、ほとんど「ムダ」です。状況はいくらでも変わっています。

「準備をしている」というのは、何もしていないのとまったく変わらないと、僕は思っています。

始めるのが一年遅くなるのなら、それは「一年分、自分を殺す」のと一緒です。

一日遅くなるのなら、同じく「一日分、自分を殺す」のと同じです。

ナイフでザクッと。そんな想像をしてください。それとまったく変わりません。

一日ごと殺していって、時間と共に、何体ものあなたの死体が積み重なっていきます。

何かのために準備をしていると言いつつ、それをしないというのは、それとまったく同じ。とにかく、早く始めることです。

もちろん、始めるからといって、何かを犠牲にする必要はありません。新しい仕事を始めたいなら、まずはこっそりと副業として始めてもいいはずです。ただウェブサイトを作るだけでも十分です。

「仕事を辞めないと始められない」というのは、言い訳です。並行しながら始めて、本格的に軌道に乗ったら、そちら一本にしてもいいのです。まずは始めることです。

そしてもし、本当に取り返しがつかないほど失敗して、あきらめたとしても…。

そのときも、「自分は、やったんだ」という記憶は残ります。

それはダラダラと「いつかやる…」と思いながら生きるより、ずっとずっとマシです。

▼文章を作成するときも同じ

そして多少、各論になりますが。

これはメールでもタイピングでも同じです。何かの文を書くのなら、とにかく「速く」書くこと。

たとえばメールなども、「とにかく練りに練った文」を一時間かけて書くより、「多少速く作った文」でもいいので、それを2〜3通送ったほうがマシです。

どれだけ考えて送っても、誤解されることだってあるでしょう。うまく文意が伝わらないことだってあります。

それよりは、細かいメールを何通もやりとりし、相手の反応を見ながら、何度も小さな気持ちを伝えていったほうが、うまく心は伝わります。

原稿も同じです。とにかく「シメキリ」を決めて、その範囲内でできることをしたら、もう「エイッ！」とばかり、それを形にしてしまうことです。

ブログならアップ。連載なら、編集者さんに送ってしまいましょう。

そこに生じるさまざまな反応で、

「あぁ、こういう見方もあるのか」

「そんなつもりじゃなかったのに、こういう反応をされるんだな…」

ということだってあります。

早く仕上げ、回数が多くなるほうが、最終的に文章力はアップしていきます。

完璧な文を時間をかけて考えようとするより、そちらのほうがずっとずっとベターです。

なるべく早く考え、なるべく速く打ち、なるべく早く送ったりしてしまうこと。

シンプルですが、これこそがコミュニケーションの極意です。

▼「完璧」なんてありえない

人間、完璧なんて、ないんです。

準備をすれば完璧になるなんて、ただの思い上がりです。

準備や気持ちの整理などというのは、あなたが行動しない言い訳に過ぎません。
とにかく早く！　早く始めてしまうこと。
とにかく一つでもいいので、すぐに思っていることを始めてみてください。
それこそが、何より大切なんですよ。

★夢をかなえる心の習慣12

○仕事でも恋愛でも、準備するよりも、早く行動してしまえ。
○始めてしまえば、状況が想定とは大きく違ったり、変わってくるもの。
○最初に考えるのは、まさに時間のムダ。
○メールでも原稿でも、同じくとにかく早く作ってしまうこと。

13

「兵《へい》は拙《せっ》速《そく》を尊《たっと》ぶ」

あなたは、「兵は拙速を尊ぶ」という言葉をご存じでしょうか。

かの兵法家、「孫子《そんし》」が語った、

「兵は拙速なるを聞くも、未だ巧《たくみ》の久しきを睹《み》ざるなり」

という内容がもとになっています。

▼完全勝利しなくても、早く終えることが重要

孫子が語った全文はこんな内容になります。

凡《およ》そ用兵の法は、馳車千駟《ちしゃせんち》、革車千乗《かくしゃせんじょう》、帯甲《たいこう》十万、千里にして糧を饋《おく》るときは、則ち内外の費・賓客の用・膠漆《こうしつ》の材・車甲の奉、日に千金を費して、然《しか》る後《のち》に十万の師挙《あ》がる。其の戦いを用《おこ》なうや久しければ則ち兵を鈍《つか》らせ鋭《えい》を挫《くじ》く。城を攻むれば則ち力屈《つ》き、久しく師を暴《さら》さば則ち国用足《た》らず。

夫《そ》れ兵を鈍《つか》らせ鋭を挫《くじ》き、力を屈《つ》くし貨を殫《つ》くすときは、則ち諸侯其の弊《へい》に乗じて起こる。智者ありと雖《いえど》も、其の後《あと》を善くすること能《あた》わず。故に兵は拙速《せっそく》なるを聞くも、未だ巧久《こうきゅう》なるを睹《み》ざるなり。夫れ兵久しくして国の利する者は、未だこれ有らざるなり。故に尽《ことごと》く用兵の害を知らざる者は、則ち尽《ことごと》く用兵の利を

も知ること能わざるなり。

さて、これをざっくり分かりやすく日本語にすると、こんな感じになります。


実際、戦争ってのは、とっても大変なモンなんだ。

戦車を1000台用意したり、ものすごく武装した兵士を10万人も連れて行ったり…。さらにそれを何百km、何千kmと進ませなければいけない。

経費も外交費も、莫大なお金がかかる。

だから、その戦いが延びれば延びるほど、軍隊も疲れてきて、もちろん費用も底を尽きてくる。

その状態になってしまうと、たとえそこから敵の城を攻めさせたりしても戦力は尽きるし、だからといって長く軍隊を保っていれば、財政がさらに苦しくなってしまう。

特にそれによって、国が疲弊してしまうと、周りの国が、それをいいことに攻めてきてしまう。

たとえ自分たちの中に頭のいい人がいたとしても、そうなったらもうダメだ。

だから戦争には、「拙速（うまくないけど早く終える）」ということはあっても、「巧久（上手だけど長引く）」ということは、ないんだ。

そもそも戦争は長引いた瞬間、ダメなんだ。間違っても利益にはならない。

戦争の損害を知らない人間は、戦争の利益を語る資格はないんだよ。

すなわち、拙速というのは、「あまり良くなくても早く終えること」。

よく日本語で、「兵は拙速を尊ぶ」というのを、

「ヘタでもいいから早く攻めれば、じっくりうまく攻めるよりも強い」

と訳されることがあります。

しかし孫子そのものが言ったのは、「そもそも戦争というものは、莫大な犠牲を払う、すごく大変なものであるから、長引かせてはいけない。たとえ『完全勝利ではない（拙）』としても、『早く終える（速）』ことこそが重要なのだ」

ということなのですね。

▼完璧には、時間がかかる

実際、どんな仕事でも、完璧を求めようとすれば、すごく時間がかかります。

しかしどんな仕事であっても、当然ですが、そこには経費もかかります。

時間がかかるということは、あなたの人件費もかさんでくることになります。

それが会社なら、やはりあなたの仕事を継続させることで、さまざまな費用も増えていくでしょう。

あなた個人の仕事でも同じ。それを行っているあいだは、他の仕事ができません。また時間と共に、時代や周囲の意識も変わります。流行だって変わるはずです。極端な話、夏に向けて夏服を作っているあいだに、秋になってしまったら遅いのです。

いえ。もっと広く、人生の時間がどんどん過ぎていく…と考えてもいいでしょう。仕事でも勉強でも、どんな内容であっても…。時間がたてばたつほど、どんどんコストや、時代に取り残される危険は増えていくのです。

ですので、「巧久」こと、上手で完璧になるのを求めるあまり、長くかかってしまうのは「ダメ」なのです。

それよりは、たとえ完璧な成果が得られないとしても、早く終える。早く完成させてしまう…。それこそが重要というわけです。

たとえばある商品が、完璧にできたら1万円、そこまで完璧でなかったら8千円の価値があるとしましょう。

ここで、1カ月で8千円の価値になるのなら、それは1年かけて作って1万円の価値になるのより、ずっとずっとイイわけです。

1カ月でできると、次の1カ月、また次の1カ月で、同様の商品を作り続けられるわけです。そうなれば売り上げも上がりますし、定期的に商品が出ることで、喜ぶお客さんも多いでしょう。

▼「完璧を目指す」を言い訳にしない

ですので、あなた自身、現在何かを進めているなら、もう一度この孫子の言葉を思い出してみてください。

完璧を求めて時間ばかりかかってしまうと、いつまでたっても先に進めません。

特に「完璧にやろうと考えてるんだ」と言いながら、結局何もしていない人というのは多いものです。

それよりは、とにかく形にしてしまうこと。

逆に完璧にしてから市場に出したとしても、やはりいろいろな意見や批判があり、「実は完璧ではなかった」ということが分かることも多々あります。

結局、完璧なんて存在しないのです。であれば、とにかく早く出してしまい、その批判や感想などもすべて受け止め、次の作品にぶつけること。

そうしたほうが、最終的な作品の完成度は、どんどん上がっていくものです。

いえ、だからといって、「適当でいいから早く出せ」という意味ではまったくありません。

どんな仕事でも、当然完璧を求めるべきだと思います。そのために人は努力すべきです。

しかしそれを求めすぎるあまり、ただムダに時間を過ぎさせるな、ということです。特に、途中で疲れたり飽きたりしつつも、「完璧を目指しているんだ」という言葉を言い訳に、時間ばかりかかってしまう人は最悪です。

ある程度行動をしたのなら、とにかくそこでいったん「完成」としてしまうこと。

それこそが、何より大切なのです。

▼時間は、お金とコストと一緒。コストと一緒です。

戦争に莫大なお金がかかるように、あなたが生きていくのにも、莫大な投資が行われています。

食費や生活費だけではありません。あなたがここまで暮らせるようになるための教育費、生活費、また、ご両親や家族の愛情など…。

これらのすべてによって、今のあなたが存在しています。
今の自分の時間が、一人だけのものとは思わないでください。
この一分一秒は、とてつもなく大きなコストで形作られているんです。
だからこそ、今この瞬間の行動を、大切にしてくださいね。

★夢をかなえる心の習慣13

○戦争には莫大なコストがかかる。だから、上手で長引くより、とにかくそこそこの結果でもいいので早く終わらせることが大事。
○同じように、人生にも、実は多大なコストがかかっている。
○だから完璧を求めすぎるあまり、時間をいたずらに過ぎさせてはダメ。
○完璧でなくても、とにかく完成させ、進んでいくことが何より大事。

14

すべてを朝にやってしまう

あなたは集中力がありますか？
何かをやるべきなのに、何もできないまま、
過ぎてしまうことはありませんか？
今回はそんなあなたのために、
ちょっと役立つ話をお届けします。

▼作業の効率が高くなる時間帯は…？

ケンブリッジ大学の心理学者であるブレイクらは、多くの人を対象にして、いろいろな時間帯に、さまざまな作業を行わせました。

その結果、**作業の効率がもっとも高くなったのは、「午前10時半」と「午後9時」**ということが分かりました。午前と午後のちょうどそのくらいの時間が、一番効率がいいということです。

また別の研究などでは、人間の脳がもっとも働くのは「午前」であるとされています。午前10時半というのは目安で、とにかく何かを「午前」にするべきというのは、多くの実験で示されているのですね。

ですので、あなたがもし、夜に作業や勉強をするのなら、とにかく「夜9時」。あまり夜にダラダラとやらずに、夜9時に集中。そして10時や11時には、寝てしまうようにしてください。

そして、それ以上に大切なのは、とにかく「午前」。朝起きたら、なるべく早めに作業をしてしまうことです。多くの調査で導き出されているのが「午前」なわけですから、午前をムダに過ごしてしまうのは、あまりいいことではありません。

とにかくあなたがもっとも集中したいこと、もしくはもっともエネルギーがいると思うことを、午前にやってしまうこと。昼から午後にかけては、集中力が高くなくてもできる、普段のルーティンワークをすればいいのです。

重要なものは、何より先に「朝」にやってしまうことです。

▼報酬と結びつけて、朝にスタートダッシュを

ただ、そうはいっても、なかなか行動できないのが人間です。

そこで、ここでは**「報酬」と結びつけること。**

あなたが朝、いつも最初にやることは何でしょうか？

食事？

シャワー？

もしくはケータイやメールのチェック？

またはパソコンでネットサーフィン？

そんなあなたの「朝にやるべきこと」もしくは「ちょっとでも楽しみにしていること」があるのなら、とにかく「それより先」に、その仕事や勉強をすることです。

それが終わったら、その行動をしていいと考えるのです。

もちろん「全部終えてから」というのが理想ですが、それができなければ、最初の10分程度の作業でも大丈夫です。

たとえそれだけであっても、一日の最初にそれをやるかやらないかは、大きな違いです。

実際に自分自身、このことを心がけてから、やるべき作業の終了時間がグッと早まっているのを感じています。

朝のスタートダッシュで勢いがあるため、それ以降の作業も、スピードがついて進められるのです。

とにかく小さくてもいいので「朝のご褒美」を決めて、その前に、やるべきことをやってしまうことです。

▼人生でも同じこと

というわけで、いかがでしたでしょうか。

すべてを行うのは「朝」。そしてそれは、「楽しいことの前」。

これ、人生でも同じことが言えます。

あなたがどうしてもやるべきこと、やりたいことがあるのなら…。

とにかく人生における「朝」こと、若いうちにやってしまうことです。

あなたのこれからの人生で、もっとも若いのは、もちろん「今」です。早くやってしまえば、それから先、いろいろとトクをすることもあるでしょう。

逆にいつまでもダラダラ何もしなければ、時間ばかり過ぎてしまい、「夜」こと晩年に、後悔ばかりすることになるはずです。

あなたの今こそが、朝なんです。

今やりたいことは、今やらないとダメなんですよ。

★夢をかなえる心の習慣14

○人間がもっとも集中できる時間は、夜9時と、朝10時半。
○そこで、夜は早めに寝てしまって、朝に何かの作業を行ってしまうこと。

○その際、朝の「やるべきこと」や「楽しみなこと」を行う前に、それをしなければいけない…と決めること。

○たとえそれが完成しなくても、10分前後の行動であったとしても、やらないよりもずっとずっと効率がいい。

15

相手に刀を抜かせるな

受験。　仕事。　恋愛。

これらすべては、ある意味、誰かとの戦いです。

あなたは今まで、そんな戦いの中で、勝利を得てきたでしょうか？

もし、あなたが今「勝ちたかった」「これから勝ちたい」と思っているなら、こんな話を聞いてください。

▼先取点を取ったほうが有利

メリーランド大学の心理学者であるヒートンは、メジャーリーグでの試合を60年にわたって調査しました。この時点でスゴすぎると思うんですが。一生モノです。

さて、その結果、大半の野球の試合において、「先取点を取ったほうが有利」ということが分かったのです。

たとえば野球では、ホーム・アウェイというものがあるのをご存じでしょうか。自分たちのチームの地元で戦うのが「ホーム」。逆を「アウェイ」と言います。

このとき、やはり有利なのは「ホーム」です。

慣れ親しんだ球場でプレイできますし、さらに自分たちの地元であるので、応援団も多くなります。ですので、ホームのほうが、勝ちやすくなるわけです。

しかしこのときでも、アウェイの相手に先取点を取られてしまうと、そのままアウェイが勝つことが多くなったのです。

すなわち「先取点」を決めたほうが、相手を「のみ」、有利に試合を進めていくことができたわけです。

▼受験もスタートダッシュが大事

これ、人生のあらゆる場面で言えることかもしれません。

たとえば受験。それこそ中学生くらいから成績がいい人は、たいてい大学受験まで成績がいいまま突っ走ります。

それは何より本人が「自分は勉強ができるのでは？」と思えるから。その自信があるからこそ、さらに勉強を続け、成績の高さが保たれるのです。

逆に最初に成績やテスト順位が悪い生徒は、「自分ってダメなのでは？」と思ってしまうため、その気持ちが続き、勉強しづらくなってしまうため、やはり成績の悪さを持ち越します。

もちろん、成績の良さに慢心して勉強をしなくなる子どももいますし、成績の悪さに「負けてたまるか！」と思う子どもも、ゼロではありません。

そういう逆転ももちろんありえますが、ただ大半の生徒においては、基本、「最初の勢いが続く」というのは確かではないでしょうか。

▼先に告白したほうが強い

これは恋愛でも同じです。

学生のころからモテる人は、社会人になってもモテることが多いものです。これもすなわち、「あ、自分ってモテるのでは？」と思って、それが自信につながるからです。

ですので、逆転のためには、とにかくまず「劣等感」を捨てること。

自分はダメだ、ということを言い訳にせず、相手を誉めたり、よく笑ったり…。何でもいいので「スキル」を磨くことです。

一度でも「あ、自分ってイケるのでは?」という体験があれば、やはりその勢いであとはうまく回転することも多いものです。

また誰か、恋のライバルがいたとしても…。やはり一般的に「先に告白したほうが有利」です。

人間、告白されることで、逆に相手のことをスキになることもありえます。これを心理学では**「好意の返報性《へんぽうせい》」**と言いました。

すなわち先に告白してしまうことで、相手と恋愛モードに入ってしまえば、あとから告白するほうは、かなり不利になってしまうわけです。

たとえば恋愛なら、「つきあった」「結婚した」。

仕事なら「契約した」「入社した」。

こういうのはたいてい「早いもの勝ち」ですから、いったん先に誰かが決まってしまったときに、あとから来た人は、たいてい門前払いをされてしまいます。

「最初に来た人を落として、交代させてまで、あとから来た人にする」というのは、なかなか起こりえないのではないでしょうか。


とにかくすべて、早い者勝ち。「先手必勝」なのです。

▼相手が刀を抜く前に斬《き》る！

たとえば侍同士の戦いを考えてください。お互いが、刀を鞘《さや》に収めたまま、立ち会います。このときに、何より勝ちたいと思うのなら、相手の刀を、鞘から抜かせてはダメなのです。

鞘から抜く前に、斬る。これこそが勝利のための鉄則です。

「俺は抜く！ さぁ、お前も抜け！ そして向かい合え！ …抜いたな？ では勝負！　でやあああっ！」

ではいけません。

それはもう、「剣道」です。戦いではありません。正々堂々としていますが、スポーツの域を出ていません。

とにかく、相手に刀を抜かせてはダメ。抜く前に斬る。それが大切です。

もちろん、卑怯と言われるかもしれません。たとえがたとえなので、確かにその気持ちは分かります。

しかし、言いたいことは伝わりますでしょうか？　たとえば受験で、「正々堂々、みんなと同じ条件で行いたいから、試験開始前に、自分が勉強してきた内容をプリントにして全員に配る！」なんて受験生はいませんよね。

同じく恋愛でも、「僕が告白する前に、キミを好きな男を全員呼んできて、全員並んで告白しようと思う！　キミはその中から選んでくれ！」なんて男もいません。

また仕事でも、「ウチの計画や予算を、ライバル社にも教えよう！　それでこそ正々堂々としたビジネスだ！」なんて人もいません。

とにかく先手必勝。

自分は全力を出し、相手が全力を出し切る前に倒す。

これこそが「刀を抜かせるな」ということであり、勝つための何よりの方法なのです。

▼これまでの「敗北」は行動が遅かったから

これは逆もしかり。

あなただって、いつ、鞘に刀を収めたまま、誰かに斬られるか分かりません。何もできず、刺されるかもしれません。

寝ているあいだに、あなたが将来ゲットできたかもしれない異性を、別の人に取られる危険だってあります。

仕事でも人生全般でもそうです。

すべて先手必勝であり、

「いつか、みんなが同列に扱われる勝負が開催されるはずだ」

というのは、甘えに過ぎないのです。そんなことを考えているのは、イコールすでに断られているのと変わりありません。

何度だって言いますが、すべて「先手必勝」。

相手が抜く前に斬る。抜かせたら負け。

それくらいの気持ちでいることが大切です。

あなたの今までの「敗北」を思い出してみてください。

これはすべて、ある意味**「行動が遅かった」**から。

そう考えると、少しだけ理解できる部分もあるのではないでしょうか。

とにかく大切なのは、早さ。これこそが何より重要です。
では具体的に、いったいどうしたらいいのでしょうか？

▼今この瞬間にやる！

大切なのは、とにかく何でもいいので、「今この瞬間にやる」こと。

「どうせ早さが大切なら、もう今は出遅れてるからどうしようもないんじゃない？」なんて思って何もしないのは絶対にダメです。すると、あなたと同時にスタートした人にすら、どんどん抜かれていくことになります。

とにかく今この瞬間に始めれば、少なくとも、そう思いながらダラダラしている人に絶対的に勝っていきます。

また先行した人も、常に同じ速度で走れるわけではありません。また時間と共に老いていきますので、あなたが逆転できる可能性だって必ずあるのです。

あなたが今、全力を尽くすことができれば、そこから先手必勝が始まっていくのです。

▼今の1時間は、1週間後の2時間に相当する

この先手必勝を分かりやすく計算するなら…。

大体「今の1時間は、1週間後の2時間に相当する」と考えてみるといいかもしれません。

たとえば好きな相手に、今1時間電話をする。これをもし行わず、その相手を1週間、放置したとします。

すると1週間後、その相手の気持ちをフォローするのに、2時間の電話が必要になるかもしれません。

仕事でも同じです。この瞬間に1時間で終わるものを、1週間放置したとします。

するとクライアントはイライラするでしょうから、その仕事完成＋フォローで、2時間くらいはかかるはずです。それだけやっても、相手の印象は、そんなに良くなるとは思えません。それより、1週間早く終えるほうが、ずっと相手は嬉しがってくれるはずです。

いずれにしても、たいてい1週間後には、労力は倍になると思えば、ほぼ間違いはありません。

いえ、それ以上に、たとえば何もせず放置し続ければ、仕事でも人間関係でも、どんどん壊れていってしまいます。

ビジネスなら、時間と共に、何の意味もないアイデアになってしまうこともあるでしょう。

時間が過ぎると、倍レベルの努力ではどうしようもないくらいのダメージになることもありえるのです。

ですので、この「1週間で2倍」というのは、かなり甘めに考えています。

とにかく大切なのは**「あとになるほど大変になり、ムダも増える」**ということです。

どうか覚えていてくださいね。

▼何もしないと負けるだけ

あなたは、常に「絶対に勝てない勝負」をしているのをご存じでしょうか。

あなたの体を、刻一刻と、「老化」が襲ってきます。またその老化と共に、さまざまな「病気」が攻めてきます。それこそ毎日毎日、少しずつ、そのリスクは増えているわけです。

そして最終的に、あなたはそれらに負け…。

いつか、死ぬことでしょう。

たとえ、あなたがどんなに「負けたくない」と思っていても、何もせず日々を過ごしていくことは、最終的に「負け」につながるだけなのです。
だからこそ、今この瞬間、一つでも二つでもいいので、勝ちを積み重ねてください。
その思い出があれば、いつかあなたが、老いを迎えたときでも……。
安らかで幸せな気持ちでいられるはずですよ。

★夢をかなえる心の習慣15

○野球の試合をはじめ、すべてのことが、とにかく「先手必勝」。
○相手に刀を抜かせる前に、斬りつけてしまうこと。
○すべて、早めに行動したほうが勝ち！
○今、1時間やれば、1週間後に2時間やらなくてすむ。

16

人生は先手必勝！

人生に勝負はつきものです。
前項で、勝負の法則として、「先手必勝」の話をしましたが、
今回はその先手必勝の大切さについて、
別の心理学知識からお話ししてみましょう。

▼出世は実はトーナメント

アメリカのチャップマン大学の心理学者であるハーレー博士は、多くのトップマネージャーらを対象にして、出世の速度について調べました。

その結果、

「最初に出世し始めた人は、そのあとも出世を続けていく傾向がある」

ということが分かりました。

すなわち、ある年に出世をしていたり、評価をされていたりした人は、そのあと何年たっても、評価が高くなっていたのです。

逆に最初にあまり評価が良くなかったのに、あとから急に評価が高くなってきた……という人は、そんなにいませんでした。

これをハーレー博士は、「トーナメント・モデル」と呼んでいます。

トーナメントというのは、勝ち抜き戦のこと。1回戦で負けてしまったら、2回戦には行けません。また2回戦で負けてしまったら、やはりその次には進めません。優勝者は、最初から常に勝っていた…という形になります。

すなわち、ビジネスの世界では、最初に勝った人、最初に評価を受けた人は、そのあとも継続的に評価が高くなっていく…というわけですね。

▼「大器晩成」は、あんまりない

これ、自分自身、思い当たることが結構あります。

たとえば受験。最終的に大学に合格する生徒は、中学や、高校一年くらいから、結構、成績が良い人だったりします。

逆に最初に成績が悪いと、ラストまでそのまま…ということも多々あります。もちろん時に逆転する人もいますが、ほんの一握りではありました。

また仕事でもそうです。優秀なスタッフというのは、最初から「あ、この人、スゴイ」と思われることも多いもの。

結局「今は本気が出てないけど、いつか少しずつ評価される…」というような、「大器晩成」というのは、現実的にはなかなかないのです。

▼恋愛も、面接も、最初が大事

これは恋愛でも同じです。

「最初はあんまり…と思っていたけど、実は結構、良く思えてきた…」というのが恋愛マンガや小説の王道だったりしますが…。

これ、現実ではほとんどありえませんね。たいていが、つきあう人は、第一印象で、結構アリと判断されていますよね。

現実では、そんなに存在しないパターンだからこそ、マンガや小説になるわけです。現実とまったく同じだったら、誰が読むかっていう。

うん。すみません。私情が入りました。

何にせよ、心理学的にも、最初の15分でできた「第一印象」というのは、そのあと数カ月たっても、そんなに変化していないことが多いそうです。

人間、最初の印象がすべてだったりするのです。

ですので、あなたが「いい！」と思う人がいるなら、とにかく最初からアピールしたり、相手のことを誉めてあげたりして、いい印象を作ることです。

就職の面接などでも同じです。限られた時間、限られた瞬間に、とにかく最高のアピールをする。

「今は面接なので緊張してしまっていますが、仕事に入ったら頑張れます！」

「今は最初なのでうまく話せませんが、本番では…」

というのは、ほとんどありえないというわけです。

▼「後手必勝」も、なかなかない

またニューヨーク大学の心理学者であるマギーは、
「強い人間ほど、先手を選ぶことが多く、弱い人間ほど、後手を選ぶことが多い」
と話しています。

たとえば話し合いでも、最初に話したほうが議題や論点を決定してしまうと、後手のほうは、それに引きずられる形となってしまいます。そのため、後手の人が話したいことが、ほとんど話せず終わってしまうことも多々あります。

また後手の人が「予算を3000万円以下にしてほしい」と思っていたとしても、先手が「ぜひ1億円で」と話してきたら、それは言いにくくなってしまいます。その結果「…あ、じゃあ、8000万円でどうでしょう…」というように、やはり引きずられる可能性が高くなります。

会話においても、先手というのは何より大切なのです。

もしあなたが誰かとの議論を行うのなら、とにかく最初に主張をすること。

そしてもし、議論中に押されているのなら、

「なるほど、それについては置いておきますが、先にこちらについて話しましょう。こちらの話ですが…」

というように、話題を転換して、別の話題を先攻することです。そうすれば、いったんゼロから仕切り直して、あなたが有利な先手を握ることができます。

そういえば思い出しました。

あなたは「五目並べ」というゲームをご存じでしょうか。おそらくほとんどの方が知っている、白黒の石を五目並べれば勝ちというゲームなんですが。

これが「三目並べ」の場合、やってみれば分かりますが、とにかく「先手必勝」なんだそうです。そして「四目並べ」も、やはり先手必勝であることが証明されて

います。五目並べだけが、複雑になるため、先手必勝ではないとか。

いずれにしても、よっぽど複雑なゲームでないと、先手必勝になってしまいます。

個人的に、これは議論などでも同じではないか…と思います。

たとえば1分程度で決めなければいけないシンプルな話し合いでは、やはり先手必勝。最初の人が50秒程度話してしまえば、後手は「わ、分かりました…」とか「検討してみます…」くらいしか言えません。

もちろんこれは極端な例ですが、とにかく「先手必勝」はあっても「後手必勝」というのは、なかなかないということを覚えておくといいかもしれません。

▼今と未来は変えられる

そういえば、「ニート」のことを、「レイブル」と名称変更しよう、という運動が最近ありました。

「レイブル」というのは「レイトブルーマー」こと「遅咲き」という意味なんだそうです。今は咲いてないけれども、いつか咲く、という。

……。これまでの理論からいくと、アレなんですが。

この「レイブルさん」に限らず、

「そうなると、今まで失敗続きだったし、みんなの評価も良くなさそうだし、もう今からじゃ遅いってことか…」

と思う人もいるかもしれません。もしあなたがそう思うのなら、とにかく「であれば、なおさら今からすぐに始めるべき」と考えることです。

過去の行動を変えることなんて、決してできません。変えられるのは、今から未来までの行動だけです。であれば、その今からできる範囲の中で、「最初」である、今この瞬間に、全力を出すことです。

それこそ、議論と同じ。「なるほど、それはそれとして、ではこちらは…」というように、今のあなたの先手を取ってください。

どの瞬間からでも構いません。とにかく、すべての瞬間がスタート。そう思わないとダメです。「今日は適当で、明日からは…」と思っていては、いつまでたっても、何もできません。

レイブルさんも、レイブルという名称にしただけで安心して何もしないのでは、ちょっと厳しいかもしれません。

▼次の勝負で先手を取ろう

実際、人は一度でも負けてしまうと、そのまま気持ちまで負けてしまうもの。

だからこそ、「トーナメント・モデル」が成立してしまうのかもしれません。

ですので、あなた自身、「勝ちたい！」と思うのなら、とにかくそこから立ち上がること。

「先手必勝だから、もう遅い」ではないんです。
「先手必勝だから、次の勝負で先手を取ろう」と思ってください。

いつの瞬間でも「今のスタートダッシュこそがすべて」と考えることが、何より大切なんですよ。

★夢をかなえる心の習慣16

○出世する人は最初から評価が高い。
○強い人ほど先手を選ぶ。
○そのため、あなたが何かで勝ちたいと思うのなら、最初から全力でいくこと。
○また今、負けていると思うのなら、とにかく議論も人生も、「今から」先手として動くこと。

「予告」は気持ちを高める!?

「クリスマス・イブ」というシステム。実は心理学的にとても意味のあるシステムです。

実際、**人間は「予告」によって、つい気持ちを高めてしまうもの**です。

たとえば恋愛でも、つきあった瞬間に結婚だったり、出会った瞬間にホテル直行だとしたら、それはそれでつまらない気がしませんでしょうか（もちろんそれでアリという方は確実に存在すると思いますが）。少しずつ変化する中で、「もうすぐ…」「あと少し…」という気持ちは、最後に控える本番（純粋に言葉そのものの意味で）と同じくらい快感のはずです。

クリスマスつながりで「プレゼント」でも同じです。プレゼントといえば、当然のごとく「ラッピング」をしますが、アレも「予告」です。「わぁっ！　プレゼント！　何だろう？　開けていい？　わくわく…」このときの気持ちは、いざプレゼントの中身を見たときと同じくらい嬉しいはずです。**「予告・予感」は、「本番」と同じくらい幸せなのです。**

そう考えると、「イブ」は意味のあることかもしれません。この考えでいくと、たとえば大事な記念日に、誰かに会えない場合、「あとからお詫びに何かをする」よりも、「前もってお詫びに何かをする」ほうが、ずっといいことになります。「後日」では「予告」の楽しみはありません。単なる「埋め合わせ」に感じるだけです。前もって「予告」として会っておけば、当日もその喜びが残るため、そこまで強い悲しさになることはないはずです。

何か少しでも参考になることがあれば幸いです。

Chapter 4

ネガティブな気持ちをポジティブに

■ 今を楽しむことが成功への近道

17

ネガティブな気持ちを吸収する技術

あなたは今、どんな気分でしょうか？
いい気分？　普通？　もしくは、悪い気分…？
もしその答えが「悪い気分」だったら、
今回の話をぜひ読んでみてください。

▼女神転生、知っていますか?

あなたは「女神転生」というゲームシリーズをご存じでしょうか。魔法や武器を使って、悪魔たちを倒していくゲームなんですが。

このゲームでは、さまざまな種類の魔法があります。

たとえば火炎、氷結、衝撃、電撃。ただこの魔法にたいして「防御スキル」なども存在します。たとえば「火炎無効」というスキルを持っている敵に火炎魔法を使うと、まったく効果がありません。ほかにも「火炎吸収」というスキルを持っている敵に、火炎魔法を使うと、ダメージを与えるのではなく、逆に体力を回復させてしまいます。また「火炎反射」というスキルを持っている敵だと、逆に反射されてしまい、こちらがダメージを受けます。

ちなみに、火炎無効や氷結無効などの敵に、問答無用で効く「万能」という魔法もあります。しかし今度は「万能無効」というスキルを持っている敵もいたりして、もうエンドレスです。

いろいろとややこしいんですが、とにかくそんなゲームです。

さてこの「無効」や「吸収」に「反射」。これはゲームでの話ですが、これに近いスキルは、実は現実でも存在するのです。

▼ネガティブな気持ちはエネルギーに変わる

アメリカの心理学者であるバウマイスター博士は、**「攻撃的な気持ちを抱えやすい人ほど、エネルギーや自尊心も高い」**と言いました。

怒りなどネガティブな気持ちは、それだけ強く「自分はこうあるべき」という理想を持っている証拠。はじめからそういう思考がないなら、エネルギーそのものもないのです。

これは、どんなに成功した人でも同じ。

どんな大金持ちでも、誰かに面と向かってバカにされたり、また殴られたりしたら、もちろん怒ったり、イヤな気持ちを抱えるはずです。いえ、そういう気持ちが強いからこそ、成功した…と考えることだってできます。

まずは、あなたの中に生じる、ストレスや怒りの気持ちを「当然のこと」「いいこと」と認めてしまうことです。

ただ、そのストレスを抱えるだけで、イライラして終わってしまう…。

もしくは誰かに怒りをぶつけるだけで終わってしまう…。

こうなると、誰も幸せにすることもないため、あまりいいことではありません。

大切なのは、その怒りを、プラスの方向に向けることです。

自分自身、とにかく怒りやマイナスの気持ちが出るたびに「せっかくなので、これを使おう」と考えています。

たとえば仕事でネガティブなことがあったら、今の仕事を大きくするための行動をする。

もしくは、今まで絶対にやらなかった原稿を書く…。

または、今まで手を付けていなかった仕事を始める…。

何でも構いません。とにかく大きなエネルギーが必要なことをするのです。

▼ネガティブでなければ、得られなかったこと

大きなエネルギーが必要な仕事を始めるときは、多かれ少なかれ、苦労や大変さがあるものです。そのため、気持ちが落ちつき、割合楽しいときというのは、なかなか始められません。

なぜなら、**プラスの気持ちから、苦労というマイナスの気持ちになるのは、自分に限らず、誰でもイヤなもの**だからです。

お風呂に入った直後に、ドブさらいの仕事をしたくないのに似ています。

しかし、ネガティブな気持ちになったときは、たとえるなら、外を歩いていたときに、ドロをはねられたようなもの。

すでに汚れてしまっているので、「じゃあもうしかたないか…」と思いながら、ドブさらいの仕事をするパワーがわいてくるわけです。

「もう汚れてしまったのだから、今このタイミングで、汚れ仕事をやらないともったいない」と考えるわけですね。

そしてその結果、そのドブがきれいになったり、または誰も手を付けない場所だからこそ、宝石などが見つかることだってあるかもしれません。そうなると、「汚れたことでしか得られないトクを得た」と考えられるわけで、結果的にプラスになるわけです。

最初から汚れてなかったら、絶対に得られないもの。そう考えると「ネガティブになって良かった」と思えるのではないでしょうか。

僕は、イライラやムカムカを抱えたときの、最大かつ最高の改善方法は、それしかないと考えています。

思い返してみると、大きなストレスを抱えた直後に、大きな仕事を成し遂げてきたような気がします。

▼悲しい気持ちになったときには？

もちろん、ネガティブな気持ちは「怒り」や「イライラ」だけではないはずです。

喜怒哀楽と言われるように、「怒」のほかに「哀」だってあるでしょう。

あまりの悲しさに、かなりエネルギーが落ちて、ほとんど何も手に付かない…。

そんなときは、逆に**「エネルギーが低下してもできること」**をオススメしています。

たとえば、本を読む。マンガを読む。マッサージに行く。何でも構いません。

個人的には、とにかく「本を読む」ことをすすめています。

エネルギーにあふれていたり、楽しくてたまらないときに、一人でこもって本をじっくり読む…なんてこと、なかなかしないはず。みんなと飲んだり、外に出かけたりしたいのではないでしょうか。

ウラを返せば、「エネルギーが落ちているからこそ、読書くらいしかできず」、だからこそ、「読書ができる、唯一の時間を得られた」わけです。

マッサージなども、やはり楽しくてたまらないときに、行こうとはなかなか思わないはず。疲れてそれしかできないからこそ、やろうと思えるわけです。

読書やマッサージで知識や体力が増えるなら、やはり「悲しい気分になったからこそ得られたもの」ということになります。

それによって、今まで以上の自分に変わっている可能性だってあるわけです。

▼「ネガティブ吸収」のスキル獲得！

どんな人も、「ネガティブな気分にならないで生きていきたい」とか、「何があっても、気持ちが落ち込んだりしないほど強い心を持っていたい」などと思うものです。実際、そういう相談を多くいただきます。

しかし大切なのは、**「ネガティブな気分になったときに、逆にプラスの何かを得るための行動をする」**こと。

このことを意識しておくだけで、それは可能になります。すなわち、**「怒ったときやイライラしたときは、普段ならやらない、特別なこと」を。「悲しいときは、本を読むなど、シンプルなこと」を。**

このことを覚えておくだけで、まさに「ネガティブ吸収」のスキルを得たのと一緒です。

ネガティブな気持ちにならないのではなく、「ネガティブな気持ちになったからこそ、プラスに変えられる」というスキルを持つことができるわけです。

それはネガティブな気持ちにならないのより、よっぽど現実的で、ずっとずっと大切なことではないでしょうか。

▼今をもっと楽しむ

人間、いつかは必ず死にます。

それだけではなく、その途中で、あなたの大切な人も死んでしまったり、別れを経験しなくてはならないこともあるでしょう。

すなわちいつかは、今とは比較にならないほどの悲しみが襲ってくるのです。

そのときに思い返してみれば、今この瞬間の悲しみなんて、たいしたことではないことに気がつくはず。

今のあなたの悩みを、老人になって死にそうなあなたに、話してみたと想像してみてください。おそらく、こう言われるはずです。

「そんなのはどうでもいいから、今をもっと楽しみなさい」

それが、答えなんですよ。

★夢をかなえる心の習慣17

○怒ったときやイライラしたときは、普段ならやらない、特別なことを。
○悲しいときは、本を読むなど、シンプルなことを。
○そう意識するだけで、ネガティブな気持ちを吸収し、自分の人生をプラスにすることができる。

18

世の中の最高の娯楽とは?

あなたは、最高の娯楽とは何か、ご存じでしょうか。
実は、世の中の娯楽は、3つに分けられます。
まずはその3つの娯楽から見ていきましょう。

▼ランクB・Cの娯楽とは？

世の中の娯楽は、3つに分けられます。ここでは、上からランクをABCと分けましょう。

まず、3つある中で、一番下。もっとも幸せ度が低い娯楽こそが、

C「たいして質が高くないものに接すること」です。

ネット上で、誰かの書き散らしたコメントを読む。あまり面白くない映画を見る。週刊誌で、誰かの悪口を読むなどなど…。

とにかく「何もしていないよりもマシ」な娯楽こそが、これです。

僕は、決してこの娯楽に否定的なわけではありません。無人島にいるとつらくなるのと同じで、人は刺激が何もないと、どんどん苦痛を感じていきます。

「刺激」という意味では、とにかく「誰かと接する」「誰かの作ったモノに、何で

もいいので接する」というのは、喜びやエネルギーになりえるのです。

そして、その次の二番目の娯楽が、

B「誰かの作った、素晴らしい作品に接すること」です。

偉大な芸術家の絵を見る。面白い本を読む。もしくは、面白いマンガを読む。何でも構いません。それこそ、大自然が作った「風景」などでも本質的には変わりません。

とにかく「これは面白い！」「これは素晴らしい！」という、あなたが劇的に楽しめるものと接することです。

これは絶対基準ではありません。たとえ世間的に売れてなくても、もしくは評価されてなくても、あなたが「いい！」と思えば、それは幸せなことなのです。

とにかくあなたが「読んで良かった」「見て良かった」というものに接することこそが、何より重要なのです。

これが、上から二番目の娯楽です。

▼この世の最上の娯楽はこれ！

では、一番上の娯楽は何か分かりますでしょうか。それこそが、

A「あなたが、何かを作ること」です。

今までに述べたすべてのものを、逆にあなたが「作る側に回る」こと。生み出すこと。これこそが、何よりも素晴らしい、極上の娯楽なのです。

作った作品の、評価の善し悪しはあるかもしれません。しかしどんな作品であっても、あなたが夢中になって「作る」こと。これこそが、何よりも上質な快感と幸せにつながります。

もちろん、仕事や作品でなくても構いません。新しい企画書を作る、ブログを書く、小説を書く…などなど、何でもＯＫです。

あなた自身が、新しい何かを作る。それこそが、世の中で最大の快感だと言えます。

これ、同意してくださる方も多いと思いますが、中には、「今の自分の仕事は、そこまでの域に達してない…」「自分はそうは思えない」という方もいるかもしれません。

もしそうだとしたら、ただ知っておくだけでもOKです。

少なくとも自分自身は、「何かを作ることこそが、世の中で最大の幸せで娯楽だ」と思っています。そういう考えもあるんだと思ってください。

今、そう思えないなら、「いつか、そういう『作るモノ』を見つけられれば、それだけの幸せというものを得られるものなんだ」と考えてみてください。

「寝たい！　休みたい！」

「なんか面白い本ってないかなー。最近、つまらないものばかりだから…」

「海外旅行に行きたい！　海外に行けば、すごく幸せだろうなぁ…」

こういう気持ちは、確かに分かります。

しかし「何かを作る」ことは、それよりもはるかに激しい快感です。

ただ、あなたの世界が「味わう」ことだけなら、それはまだ、

Ｃ「たいして質が高くないものに接すること」

Ｂ「誰かの作った、素晴らしい作品に接すること」

の、どちらかということです。

「まだ、『作る』という快感があるんだ」

という考えを知っているか知らないかで、大きくあなたの人生は変わってきます。

▼もしダラダラとネットを見ているなら…

また仕事で疲れたとき、もしくはなかなか仕事を始められないとき…。

ただ漠然とネットサーフィンをしたり、ボーッと雑誌などをパラパラしてしまうこともあるかもしれません。

これ、結構多くの人がやる行為です。しかしこれも、

C「たいして質が高くないものに接すること」

B「誰かの作った、素晴らしい作品に接すること」です。

すごく楽しめるなら、Bでしょう。逆に、「ないよりマシな楽しさ」なら、Cのはずです。

自分自身の経験では、やはりBとまで感じられる本やサイトというのは、なかなか少ないものです。そのため、大半がCのはず。

しかし、そのときも思い出してみてください。

「これは確かに、少しは快感かもしれない…。しかし、作ること、生み出すことは、さらに強い快感なんだ…」と。

そう思うことによって、少しだけ仕事などを始めやすくなるものです。

もちろんですが、産みの苦しみはあります。

なかなかイイものができず、つらくて悩むこともあるでしょう。

逆にBやCは、楽しいことばかりです。間違っても、つらいことはないはずです。せいぜい、「このマンガ、新刊がまだ出ない！」とか「この漫画家、休載しすぎ！」とか、その程度でしょう。

しかしAは、たいていにおいて、苦しみと隣り合わせです。

でも、その分、生み出せたときの快感はハンパありません。落差から、さらに強い幸せがわいてきます。

告白するのにドキドキしたり、デートひとつでハラハラしたり…。そんな心の動きがあるからこそ、恋愛で燃え上がるのに似ています。

お金さえ払えば快感を得られるBやCは、もしかしてキャバクラなどのお店と同じなのかもしれません。

たとえがどんどん変な方向に行きましたが、とにかく、**「苦労やつらさがあるからこそ、快感もさらに高まる」**ということをご理解いただければ幸いです。

▼どうすれば「作る」ことができるのか？

もちろん、

「苦しむのはイヤだ……！」

「自分はそれができそうにないから、いつまでたっても作れないんだ……」

と思う人もいるかもしれません。

ただ、誤解しないでください。苦しんだりするのは、必要条件ではありません。

苦しむからこそ、喜びがより深まるというだけで、無理して「苦しまないとダメ」というものではないのです。

というか、「苦しみさえすれば作れる、生まれる」というものでもありません。

ではいったい、どうすれば「作る」ことができるのでしょうか。

一番は、**「すべてを受け入れること」**だと思っています。

たとえば、「女の子にモテたい！」とか、「お金持ちになりたい！」とか、自分自身の感情すべてを肯定することです。

もちろん、ここで言えないレベルのことでも構いません。

自分自身は、本当はどういうことがやりたいのか。どんな欲望なら、心から突き進むことができるのか。

そういうことを、ハッキリと認めることです。

そこを否定して、カッコつけて、本当にやりたいことや欲望から目をそらしていては、いつまでたっても作りたいものは作れません。

どんなに醜くてもいいので、「自分は本当はこうしたいんだ」ということを受け入れてください。

そして、これは、あなたの「BとCの娯楽」についても同じことが言えます。

面白いもの、楽しいこと…。そういうものに接している自分を、決して否定しなくていいんです。それを「エネルギー源」だと思ってください。

お金がないときに、友達に1万円をもらったら、あなたは「トクした！」と思いますか？

おそらく「ありがとう」と思いながら、「いつか返そう…」と思うのではないでしょうか。

これは、何らかの娯楽でも同じです。

僕自身、面白い本を読んだり、心動かされる話に接したりしたら、「いつか、これと同じくらいの喜びを、表現しよう」と考えたりします。

当然ですが、クラシックの曲を一曲も聴いたことがないのに、クラシックの曲を作曲できるワケがありません。

絵というものを一枚も見たことがない人が、いきなり名画を描けるなんてこともありえません。

人間は「体験する」ことにより、いろいろなモノを作り出せるようになるのです。

ですので、あなたがBやCの娯楽に接しているときに、

「あぁっ！　こんなことをしてちゃダメだ！　もっと作らないと！」

と思う必要はないのです。

それを見てしまう自分も受け入れること。

そして、

「あぁ、エネルギーをもらっている…。この作家から、そしてひいては社会から、恩をもらっているんだ…！」

と強く感じること。

そのうえで、**恩返しとして、「だから、自分も何かを作ろう」と考えることです。**

このように思うことで、ずっと前向きに、さまざまな作品や仕事に接していくことができるはずです。

▼あなたがここにいる証を形に

どんなに小さなことでも構いません。

あなたが今、こうしてここにいる証。

生きた証明。

それこそ、たった1通のメールなどでもいいのです。

伝えたいことや、表現したい言葉。

それを今、形にしてみてくださいね。

★夢をかなえる心の習慣18

○世の中の娯楽は、3つある。それこそが、

A「あなたが、何かを作ること」

B「誰かの作った、素晴らしい作品に接すること」

C「たいして質が高くないものに接すること」

○つい漠然と何かを見ているなら、それはたいていがC。

○Aの快感のほうが強いということを知っておくだけでも、気持ちは少しずつ高まっていくはず。

○そしてBやCの快感に接しているときは、決して今の自分を否定せず、「これはエネルギー源であり、恩を受けているんだ」と考えること。

19

小さな幸せを、感じよう

さて、あなたは今、どんな気分でしょうか？
幸せですか？　不幸ですか？
もしあなたの答えが後者なら…。
少しだけ役に立つ話を、お教えしましょう。

▼「幸せ」を感じていると、ストレスはたまらない

ミズーリ大学の心理学者であるルイスによると、**「自分は幸せだ」という意識を持っている人ほど、ストレスを抱えにくく、イライラするなど感情が不安定になることが少なかった**そうです。

まぁ、ある意味、当然といえば当然のことかもしれません。実際に何かで怒りやすい人ほど、常に劣等感や不安感を抱えています。

そのため、ちょっとしたマイナスの出来事に遭遇すると、

「これは俺のことをバカにしてるからだ！」

「私のことを軽く見ているからだ！」

というようにネガティブな意味づけを強くしてしまい、その結果、爆発的に怒ります。

普段から感じる不幸な気持ちのはけ口を、クレームなどにぶつけてしまうわけですね。

しかし常に「自分は幸せだ」ということをハッキリ感じている人ほど、あまりケンカをしません。

小さな出来事で悪意的に感じることがないため、人のミスを前にしても、

「まぁまぁ、大丈夫ですよ」

「気にしないでくださいね」

というように、ソフトに受け入れることができるわけです。

よく「金持ちケンカせず」ということわざがありますが、この「金持ち」を「幸せ」と置き換えると、今回の話に通じるものがあるかもしれません。

とにかく「幸せ」と感じることによって、無用に心を乱されたり、必要以上にムダな戦いをして、ストレスをためることはなくなるのです。

▼つらさを乗り越えるためには？

当然、常につらさ、キツさを感じていたら、心が参ってしまいます。

それこそ「普段から幸せを感じている」からこそ、「ここぞという仕事のときや、何かを始めるときのつらさに耐えられる」のです。

それは、ガソリンを補給しているからこそ、ガソリンを使って走ることができるのに似ています。

これが、普段から幸せを感じず、常に喜びに飢えているような状況の場合は、仕事を始めるときなどに、ちょっとしたつらさがあると、それだけですぐイヤになってしまいます。ただでさえガソリンがないのに、さらにガソリンを使えと言われるようなものです。

それが苦しいために、すぐ「現実逃避」としてちょっとした遊びを行ってしまう…。そのため、いつまでたっても出発できない…というわけです。

「仕事の最初はつらいもの」

これは当たり前で、そしてそこを乗り切るためには、普段から「自分は恵まれている、幸せだ」ということを感じていないといけないのです。

▼幸せは、小さくてもいい

では、具体的に、どのようにすればいいのでしょうか？

当然ですが「幸せを感じよう」→「分かった！　幸せをすぐに感じる！」というように、瞬時に気持ちが切り替えられるなら何の苦労もありません。

大切なのは、「少しずつ」です。

「自分には、住む家がある」

「自分はパソコンを持っている」

「自分は、通勤がラクだ」

「自分には、恋人がいる」

「自分には、話せる人がいる」

「自分は、まだ若い」などなど…。

何でも構いません。

あなたが今、持っているもの。仕事でもプライベートでも純粋な所有物でも、何でもOKです。

とにかく小さくてもいいので「これがあるなんて、それがない人に比べて、自分は幸せだ」と考えることです。

どんなにくだらないことでも構いません。一つもない、なんてありえないはずです。

この思考を一日一回だけでいいので、行うのです。

▼朝の幸せを感じよう

朝、起きたら、

「あぁ、自分は起きてこうして体を動かすことができる。それだけでも、何かの病気や老化で寝たきりになってしまっている人よりずっと幸せだ。それこそ、昨日死んでしまった人より幸せだ」

と考えるだけでも構いません。

もちろん、何かの仕事があったり、誰かと生活しているなら、それだけでもちろん幸せ…と考えてみてもいいでしょう。

どんなことでもいいので、「起きた瞬間」に感じられる幸せをハッキリと認識することです。

それだけでも、朝の目覚めが少しだけ変化するはず。

それによって、一日のスタートから意識が大きく変わってきます。

どうか試してみてくださいね。

▼幸せはそのまま存在している

すべての人は、すべてのことを、忘れます。

最初はどんなに感じていた幸せであっても、時間と共にそれに慣れ、最初の喜びを忘れてしまうのです。

でも、それは「忘れた」だけ。

決してその幸せの対象が消え去ったわけではありません。

それに気づかないまま、不幸だけを目にしなくてもいいんです。

だから、もう一度思い出してみてください。

あなたが幸せを感じていたものは、今も変わらず、そこに存在しているんですよ。

★夢をかなえる心の習慣19

○「幸せである」と感じている人ほど、ストレスに強い。
○小さくてもいいので、自分が幸せだと感じることを見つけることが大事。
○また、朝に起きたとき、必ず「起きられること」の幸せを強く考えること。
○それだけで気持ちは大きく変わっていく。

20

時には、苦しんだっていい

何か大きな失敗をしたり、心が疲れてしまったり…。
多かれ少なかれ、そんな経験をしたことのある人は多いのではないでしょうか。
今回はそんなあなたに贈る話です。

▼常に連戦連勝はできないもの

アメリカの心理学者であるクラークらは、35名のプロゴルファーの成績を、3年間にわたって調査しました。

その結果、3年間にわたって成績が一貫していたのは、35名中、たったの2名だけだったそうです。また別の機会に、同じく31名のプロゴルファーについても調べましたが、やはり数年にわたって成績が一貫していたのは、1名だけだったそうです。

このように、「プロ」のゴルファーであったとしても、数年にわたって、同じ調子でプレイしていくというのは難しいわけです。

これはビジネスでも同じです。

どんな成功者であっても、常に連戦連勝ではありません。また大作家であっても、コンスタントに作品を書き続けられるわけではありません。たとえばかのゲーテも、作品を書けるペースは、数年に一度であったと言われています。

いずれにしても、どんなプロ、どんな名人であっても、ずーーーーーっと同じペースかつ同じレベルで、何かを成し遂げ続けられるわけではないのです。

ですので、たまにうまくいかないからといって、

「あぁ、だから自分はダメなんだ！」

と思う必要はありません。

特に人は、何かでうまくいったことがあると、

「以前はうまくできたのに…。何で今はうまくいかないんだろう…」

「あのときは成功できたのに…。どうして今は失敗続きなんだろう…」

というように、その「落差」から、より強い不安を感じてしまったりします。

しかし、それは間違い。

くどいですが、どんなプロであったとしても、「安定して成績を残し続ける」な

んてことは、決してできないのです。

よって、必要以上に落ち込むことはないのです。

特に僕たちは、決して「人生のプロ」などではありません。プロでないなら、なおさら失敗だって続くこともあるはず。

だから、気にしすぎなくてもいいんですよ。

「総じて」うまくいけばいい

結局、人間、「総じて」うまくいっていればいいのです。

いえ、勝ち越しとか負け越しとか、総数でもありません。

ただ最終的に「生きて」いればいいんです。

結局、それだけで大成功です。

そして、その中で、少しだけでも、うまく進むことがあれば、万々歳なんです。

ほら、あなたが「良かった」と思えることは何ですか？
そのことを、もう一度思い出してみてくださいね。

★夢をかなえる心の習慣20

○プロであっても、常に勝ち続けることはできない。
○あなたが人生のプロでないなら、なおさらだ。
○失敗が続く時期だって、あって当然。
○とにかく「常に勝たないと」なんて思うことが無意味。
○気持ちを楽にして、一つでも二つでも「勝った」「良かった」があればいい…
と考えよう。

21

楽しみながら学ぶ

あなたは、毎日どんなふうに、
仕事や勉強を進めていますでしょうか？
そしてそれは、うまくいっていると思いますか？
今回は効率よく仕事や勉強を行う方法を考えます。

▼楽しい学習のほうが心に残る

アメリカの心理学者であるロバート・カプランらは、508名の大学生を対象にして、ビデオ講義を見せました。その際、ビデオは2種類。それぞれ、

A「ユーモアを入れながら、楽しく講義をするビデオ」

B「ユーモアがなく、ただそのまま講義をするだけのビデオ」

でした。そして学生を半々に分けて、それぞれにAとBのビデオを見せたのです。

その結果、ビデオを見た直後にどれくらい記憶をしていたか調べますと、AとBでは、ほとんど差はありませんでした。

しかし、6週間後に、再びどれくらい記憶していたかを調べたところ…。

AはBよりも、明らかに記憶していた内容が多かったのです。

すなわち人間は、短期的に考えれば、どんな内容でも、とりあえず学習すること

はできますが、**長期的に考えると、「楽しい」学習のほうが、より強く心に残る**というとなのです。

▼「楽しんだかどうか」が大切

ここであなた自身、学生のころを思い出してみてください。

どんな内容、どんな授業が心に残っていますでしょうか？

おそらく、面白い先生だったり、興味ある授業内容だったり、楽しい実験であったり…。そんなポジティブな記憶がある授業のほうが、強く記憶に残っているのではないでしょうか。逆にあまり好きではない教科や、好きではない先生…。そういう内容は、ほとんど心に残っていないはずです。

僕自身、『マンガで分かる心療内科』というギャグマンガを作っています。これも、ギャグを通して、学習効果を高めようと考えてのことだったのです！

うん。たぶん。

いずれにしても、とにかく**「楽しいほうが、長期的には記憶に残りやすい」**ということを覚えておいてください。

また、**「短期的には差がなかった」**というのも重要。

すなわちとにかくどんな授業であっても、とりあえず最初のうちは覚えていられるのです。そのため先生たちも、生徒たちも、あまり「楽しさの大切さ」については、認識していません。

しかし！　しばらくたったり、または学校を卒業したあとで記憶に残るかどうかには「楽しさ」こそが何より大きく関わってくるのです。

ですので、あなたが勉強するのなら「楽しいかどうか」をハッキリと考える必要があるのです。

これは仕事でも同じ。楽しみながら仕事をしていれば、やはり仕事の内容も、長期的に見て、強く気持ちに残ります。そうすれば熟練も早くなりますので、最終的に、どんどん高度な仕事をこなせるようになっていくでしょう。

勉強でも仕事でも、「楽しんだかどうか」というのは、何よりも大切なことなのです。

では、具体的にはどうやって楽しめばいいのでしょうか？

▼楽しむ人に、習ってみよう

まずは何より「楽しんでいる人に習うこと」です。

それが勉強なら、書店に行って、いろいろな本や参考書を探すこと。

なかには、楽しんでいる人が書いている本や参考書だって見つかるはず。面白さが分かっている人の本なら、あなた自身が楽しく学習することもできるはずです。

またあなたが学生なら、楽しみつつ勉強をしているクラスメートと話をしてみるのも大切です。それだけで、あなたも楽しみが分かってくる可能性だってあります。

または純粋にグループで学習するのもアリでしょう。みんなと一緒に過ごすことによる喜びが、そのまま勉強への記憶に結びつく可能性だってあります。

またあなたに恋人がいるなら、デートなどで、勉強で分からないところについて聞くのだってアリです。

仕事なら、同じように楽しんでいる人が書いているビジネス書などを読んでみること。そういうものを読むだけでも、あなた自身、効率よく学習ができるはず。

もしくは同じ分野で、楽しみながら仕事をしている人に直接話を聞きに行くのもいいでしょう。

わざわざ外に出かけなくても、同じ職場で、楽しそうに仕事をしている人と接する時間を増やすだけでも構いません。

こういう小さな心がけによって、あなたの数年後は大きく変わっていくはずです。

▼人生でも同じこと

これは人生でも同じことが言えます。

幸せに満ちあふれている人。

うまく成功している人。

こういう人は、大体において、人生のコツをつかんでいます。

こんなときはこう振る舞えばいい。

こういうつらいことがあったら、こう対処すればいい……。

そういう方法を理解しているから、毎日をうまく過ごすことができています。

だからこそ、毎日の出来事をより強く心にとどめ、それをさらに人生に応用して過ごすことができるのです。


とにかく第一歩は、今この瞬間を楽しむこと。

「今はつらいけど、未来だけは明るくなるはずだ……」

そんなふうに思うのはやめてください。

今、あなたが笑い、楽しいことを探すことが、何より大切なのです。

そのことを、忘れないでくださいね。

★夢をかなえる心の習慣21

○楽しみながら記憶をした場合、何もなく記憶をしたときよりも、「あとになってから」、ずっと記憶の効率は高まる。
○そのためなるべく楽しむこと。
○具体的には、楽しみながら勉強や仕事をしている人のそばに行くこと。
○それだけでも、毎日は大きく変わっていく。

22

仕事のまわりも、好きになる

あなたは仕事を効率よく行うことはできますか？
また、あなたの部下は、仕事を効率的に行っていますか？
今回は、効率的に仕事をするヒントをお教えしましょう。

▼会社を好きだと、仕事へのモチベーションが上がる

マレーシアの心理学者であるマンショーらは、1000名以上のビジネスマンを対象にして、どんなときに仕事へのモチベーションが高まるかを調べました。

その結果、**「その会社を好きである」というときに、仕事へのモチベーションがもっとも高まることが分かった**のです。

仕事にやりがいがあるとか、社会的意義があるとか…。

そういうことも重要ですが、もっとシンプルに、「その会社が好き」。

これは何より大切なことなのですね。

「愛社精神」という言葉があります。まぁ、多少時代遅れな感じのある言葉ではありますが、それでも心理学的に見ると、非常に大切なことなのです。

たとえばあなたが会社を経営しているのなら、部下に「もっとやれ!」「もっと

頑張れ！」と言うのではなく、まず一番に、自分の会社を好きにさせること。

方法はいろいろとあります。

たとえば、その会社の仕事によっては、喜んでくれた顧客の感想を、会社内に張り出してもよいでしょう。それだけでも、仕事をしている人は、顧客の顔が見えた気になり、自分の仕事や会社にたいして誇りを抱きます。

またはシンプルに、誉めてもいいでしょう。自分の仕事によって誉められることは何より嬉しいことですので、ひいては今の仕事などを好きになる可能性もあります。また何より、あなた自身が好かれることにもなりますので、結果的に会社への愛も強まるはず。そうなれば、仕事の効率だって上がるはずです。

これはあなたが上司であっても、やはり同じです。

上司に誉められたりすれば、部下は嬉しくなります。そして、上司を通して、会社への好感度が高まるはずです。

▼小さな「好き」を見つけて、暗示をかけよう

これはあなた自身でも同じこと。

仕事を効率よくやりたいのなら、今の会社を「好き」になることです。

内容は何でも構いません。

この仕事が好き。

上司が好き。

会社の業務内容が好き。

働きやすい職場が好き、などなど…。

そう意識するだけで、ただ漫然と仕事をしているより、ずっと効率が良くなるわけです。

あなたが個人的にやっている仕事でも、もちろん同じです。

たとえば何かの原稿ならば、その原稿が掲載される雑誌のことを、とにかく「好き」と認識すること。どんなに小さなことでも見つければ、人は暗示的に気持ちが高まります。

逆に「ここがイヤ」「ここが嫌い」なんて常に考えていると、どんどん気持ちは落ちていきます。

漫画家さんで、担当編集者さんや、雑誌そのものの悪口を言っている人が、ときどきいます。しかしその人の作品は、たいてい「そんなに面白くない…」ということも多かったりします。

逆に本当に面白い作品を作っている人は、漫画家さんであっても、もしくはどんな業種であっても、その掲載されているメディアなどを、好意的に考えています。

まぁ、ニワトリが先かタマゴが先か…に近いですが。

人はストレスを抱えると、とにかく連鎖的に、周囲の人に当たってしまうことは多いもの。その結果、自分の作品もさらにうまく進まず、よりストレスが強まってしまうわけです。

いずれにしても大切なのは、自分の仕事をうまく進めたいのなら、その仕事に関連するものも「好きになる」こと。

内容は何でもいいので「こんなところが好き」ということを、ハッキリ認識してください。それだけで、あなたの仕事そのものを、もっとも効率的に進めていくことができるんですよ。

▼世界そのものを好きになる

これは人生でも同じです。

もっとも効率よく、そして幸せな人生を送りたいのなら…。

何よりあなたが、世界そのものを好きになること。

過去の行動でも。周囲の人でも。いろいろな物でも。出来事でも。
何でもいいので、あなたが好きなものを、もう一度考えてみてください。
それがあるから、自分は今の世界が好き。
そのように考えることで、あなたの毎日はより幸せにあふれていくんですよ。

★夢をかなえる心の習慣22

○仕事を効率的に進めたいのなら、仕事そのものはもちろん、仕事にまつわる周囲の人や会社、そして物事も好きになること。

Columun **4**

たくさん働きすぎると認知症になる!?

フィンランドの医師がアメリカの疫学学術誌「The American Journal of Epidemiology」に発表した調査によると、**「長時間働く人ほど、短期的な記憶障害が起こるなど、認知症になる危険性が高まりやすい」**ことが分かったそうです。これはイギリス人の中年男性2000人を対象にして行われたもので、「週に55時間以上働く人」は、「それ以下の人」に比べて、認知症になる危険がより強まるということになります。週に55時間。5日働くとして、1日11時間でしょうか。すなわち9時から20時くらいまで働いていると、かなりその危険性が高まります。さらに土日まで働いたら、かなり危険です。

まぁ、普通に考えたら、「働かないことで脳の機能が弱まるんじゃない?」という気がしますが、実際は逆だったというわけです。実際にこの理由についてはまだ分かっていませんが、この調査をした医師によると、やはり「ハードな仕事によって睡眠不足や生活スタイルが不規則になることによって、認知症の危険が高まっているのではないか」とのことです。

確かに認知症にはさまざまな原因がありえますが、「不健康」というのは、大きな要因にはなりえます。すなわち働きすぎるのは、実は危険ということ。人に任せるものは任せて、まったりできる部分はまったりしたほうがいい、というわけです。

【今回のまとめ】

◎あまりに頑張りすぎると危険です。

……。

うん。だからといって、手を抜きすぎると、それはそれで危険な状態になりそうです。適度な緊張はあったほうがいいと無難なことを思いつつ、今日もこうして原稿を書く僕です。

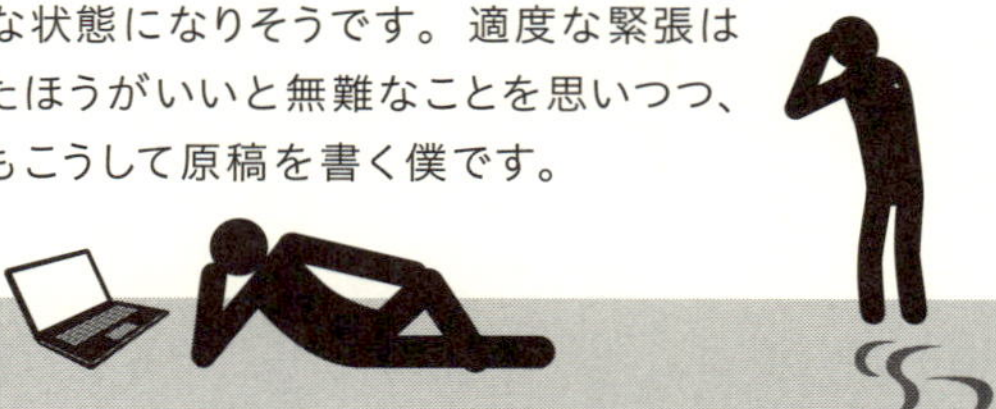

Chapter

5

夢は、必ずかなう！

■「継続は力なり」！

23

長い目で見て、あきらめるな

あなたは夢をかなえたいと思いますか？
であれば、大切なことは、たった一つ。
「あきらめるな」ということです。
…いえ。ただ誤解しないでください。

目の前の目標は、夢の中継地点に過ぎない

「あきらめるな」と言っても、よくあるスポーツマンガなどのように、「何があってもしがみついて…！」みたいな根性論を持ち出すつもりはありません。

ただ、もっと広い目で、長い目で「あきらめるな」と。

失敗したり、つらかったりしたら、とにかくその場は、帰って休んでもいいのです。ただ、**大きな意味での「やりたいこと」は、どこまでも持ち続けろ、**と言いたいのです。

たとえば、あなたが大学受験で、行きたいところに行けなかったとします。こんなときに、一浪してでも、二浪してでも、そこに入ろうとする…。これは確かに立派なことかもしれません。

しかし、個人的には「別に絶対に、そこでなくてもいいじゃん」と思うのです。

一つ一つ、目の前にある目標というのは、実は「手段」に過ぎません。

たとえばいい大学に行くのは、どうしてか…と考えてみると、たとえばそのあとには、「いい仕事につきたい」とか、「大金持ちになりたい」とか、「社会的に成功したい」などの目標があるはずです。

すなわち「途中経過」として、「じゃあ、この大学が必要かな」と考えているだけなのです。冷静に考えてみれば、「その大学でなきゃダメ」ということはないはずです。

しかしいつのまにか、人はつい、目の前の目標こそが最終ゴールだと思ってしまいます。もしくはそれが途中経過なだけにもかかわらず、「ここを通らないと、そのあとが始まらない」と思ってしまうことも多いものです。

こんなときは、とにかく「長い目で見て、あきらめない」ということを思い出してください。

とにかく第二志望、第三志望でもいいので、大学に入り、先にコマを進めていく…。僕はそれが何より大切だと思います。

第二志望であっても、そのあとの夢を達成していく方法は、いくらでもあるはずです。

そしてくどいですが、「第一志望に行けなかったから、そこから先はない」とか、「夢の修正をしなきゃいけない」なんて思う必要は、まったくありません。

とにかく新たな場所を、新たな中継点として、そこでできる最大限の行動で、再び夢に向けて進んでいけばいいのです。

▼完璧なスタートなんてない

完璧な人間なんていません。

完璧な生まれや、スタート地点なんてありません。

あなたの家が、必ずしも日本一の大金持ちではないはずです。

あなたのビジュアルも知性も体力も、間違っても日本一や、「非の打ちどころがない」ということはないはずです。病気だってあるでしょう。悩みだってあるはずです。

とにかく誰も、100点満点で、人生をスタートさせることはできないものです。

これはどんな人でも、無意識に分かっていることです。

しかしなぜ、人は中間地点に、無意識に「完璧」を求めてしまうのでしょうか。

スタートが完璧でないのと同じように、中継地点だって、必ずしも完璧である必要はないのです。

第一志望でなくても、第二志望であっても、もしくはそれより下であっても、あなたの夢に向かって進み続けるのを、やめる理由にはならないのです。

「あきらめない」というのは、そういうことです。

ひと言で言うと、**「目先の失敗に関係なく、本当にたどり着きたいゴールに向かって、進み続ける」ことこそが、真の意味で「あきらめない」こと**なのです。

失敗を無理してリカバリーする必要はありません。途中の目標にこだわる必要もないのです。

▼本当の意味での「あきらない」とは？

しかし人は、いつのまにかそのことを忘れてしまいます。

小さな目標、当面の目的がうまく達成されないと、そのことだけに目を奪われて、いつのまにか「自分はダメなんだ…」「こんな夢、無理だったんだ…」と思ってしまいます。

それこそが「あきらめる」ということです。

たとえばよく「夢をあきらめない」という名目で、何歳になっても、ミュージシャンを目指して、定職につかず、デビューを目指して、ひたすら路上ライブをしている人がいます。

しかし、これ、本当にあきらめていないのでしょうか。

今の方法がうまくいかない…と分かったら、とにかく一時期でもいいので、職についたり、お金を稼いだりしつつ、別の方法を模索する…という方法だってあるはずです。

たとえばお金をためてパソコンを買って、仕事をしながら、空いた時間で演奏を録画。それを動画サイトにアップして、人気を集める…という方法だってあります。

「目先のことに食い下がる」のは、間違っても「あきらめない」ではないのです。

逆に、目の前のことを「どうでもいい」と考え、引き下がりつつ、根元では他の方法を模索し、進み続けることこそが、本当の意味で「あきらめない」ことなのです。

▼その場で声をかけられなくても

これは恋愛でも同じです。

たとえば喫茶店に入ったとき。目の前に、すごく素敵な異性がいたとします。もしくは職場でも、誰か憧れの人がいたとします。

こんなとき、「よしっ！　声をかけよう！」と思うかもしれません。

しかし、それがすぐにできたら苦労しません。たいていは「できない」はずです。

そんなときに、「あぁ、自分はダメなんだ…」「この人を好きなのに、ダメなヤツだ…」なんて思う必要はありません。

もっと長く。もっと広く。もっと大きく考えてください。

あなたは「その人でなきゃダメ」なのでしょうか。

そんなことはないはず。根本的には、「素晴らしい異性と恋愛したい」という夢があり、その一環として、目の前の異性に惚れただけのはずです。

決して、この機会でなくてもいいんです。

喫茶店だから、職場だから…。そんな「場の雰囲気」によって、ただ声をかけられないのなら、「声をかけるのが当然の場面」に行くこと。

お見合いパーティでも合コンでも何でも構いません。もしくはネットで何かを発信して、逆に話しかけたい！　と思われる立場になってもいいのです。

「声をかけられない悔しさ」を、そのまま「自分はダメだ」で終わらせなくていいのです。その悔しさが強ければ強いほど、「この悔しさが残っているうちに、パーティをネットで検索する！」「合コンの誘いのメールを送る！」と行動することが大切です。

「臥薪嘗胆《がしんしょうたん》」という故事があります。

戦争で負けた人間が、その悔しさを忘れないために、固い木の上に寝続けたり、苦い胆《きも》を嘗《な》め続けたりして、最終的に勝利した話です。

ネガティブな気持ちは、それを外に向ければ、爆発的なエネルギーになるのです。

かえって、失敗がまったくなく、小さな成功ばかり繰り返してきた人より、最終的に大きなモノを手に入れることだってできるのです。

とにかく**「広い意味で、あきらめない」**ことが大切なのです。

▼手に入れること、そして進み続けることが大切

話は変わりますが、子どものときに、あるオモチャが欲しくて欲しくてたまらなかったこと、ありませんでしたでしょうか。

しかし、それが手に入った瞬間、少しずつ飽きてしまうことって、ありませんでしたでしょうか。

もちろん、手に入れたら、本当に素晴らしいものだった、ということだってあり

ます。

でもどちらに転ぶにせよ、それは「手に入れないと」分かりません。

逆に言えば、たとえつまらないものだと分かっても、そして飽きてしまったとしても、それは決して悪いことではないと思います。

ただ、手に入れない限り、その価値は、脳内でどんどん膨らんでいきます。

どんな手触りだったんだろう…。

どんな感触なんだろう…。

どれだけ素晴らしいものだったんだろう…。

そんなことを考えながら、どんどんあなたの人生が費やされていきます。

もちろんロマンチックに、それこそが幸せな時間である、と考えることもできるでしょう。

しかし僕は、**「だからこそ手に入れるべき」**だと考えています。

くどいですが、手に入れた瞬間、どうでもいいものだと分かっても、「いい」のです。

それは、手に入れないまま、ずっとずっと夢想しているより、ずっと幸せです。
飽きたら飽きたで、新たな欲しいもの、新たなステージが見つかるはずです。
言うまでもなく、それは最初のモノを手に入れない限り、進めない場所です。

▼手に入れない限り、エンドレスであなたを襲う

手に入れない限り、欲しいものへの飽くなき思いは、エンドレスであなたを襲います。

いかに「あきらめた」と思っても、人間の本当の気持ちは、理性では納得させられません。

それは、お腹が減り、何も食べていないのにもかかわらず、「俺はもうご飯を食

べたんだ！」と自分に言い聞かせるのと似ています。

どんなに言葉で言っても、それは「ウソ」。

欲しいものを得ていない体と心は、決して飢えを忘れることはありません。

「これが欲しい！　でも、もういいや！」

というのも、それと何ら差はないのです。

食事と同じで、それを満足させるには「食べる」しかないのです。

とはいえ、必ずしも「それをゲットしなきゃダメ」とは言いません。

ただそこに向かって進んでいる、頑張っている……。

それだけで、気持ちは不思議と納得できていくものです。

後悔というのは、「やるべきことがあるはずなのに、やっていない」ということから起こります。

やってさえいれば、そこまでネガティブな感情になることはないのです。

▼とにかくゴールを目指し続けること

「でも、あまりにしつこく何かにすがりついたりするのは、情けない…」という意見があるかもしれません。

しかし僕に言わせれば、途中であきらめてしまうほうが、よっぽど「情けない」のではないでしょうか。

どんなにつらくても、どんなに見た目がみっともなくても、ただそれに向かって進み続けることができる。それは何より素晴らしく、立派なことだと思います。

殴られても、転んでも構いません。いくら失敗してもいいのです。

ただとにかく、ゴールを目指し続けること。

それを継続できているなら、今までのすべては「小さな失敗」です。

ただあなたがそれによって、本当のゴールをあきらめたり、進み続けるのをやめたり、忘れたりするのなら…。
その瞬間、それは「致命的な失敗」になってしまうのです。
どうかそのことを、忘れないでくださいね。

★夢をかなえる心の習慣23

○今、自分が手に入れたいと思っているものは、「ゴール」ではなく、ただの「中間地点」だと知ること。
○それにこだわりすぎて、本当に手に入れたいものを忘れるな。
○そこで失敗したり、第二志望になってもいい。
○それより大切なのは、本当に手に入れたいものに、その時点から、向かい続けていくこと。

24

ピンチがないと、一流になれない

あなたは大変なことがあったとき、どう考えますか？
つらいとき、失敗したとき、どう思いますか？
今回は、そんなときのヒントになる話をお届けします。

▼一流になるためにはピンチは必要不可欠

実はカンザス州立大学の心理学者であるシャントー博士は、

「どんな分野であっても、一流の人間になるためには、ピンチの状況を経験し、それを越えていくことこそが必要だ」

と述べています。

すなわち、ピンチや逆境は、人を成長させ、一流の人間にするのに、「必要不可欠」なのです。まったく順風満帆、何の心配も、何の逆境も経験しないままに、一流になっている人はいません。

ですので、あなたがピンチや、つらいときがあったら、

「これがあるからこそ、自分は一流への道を進んでいるんだ」

と考えることです。

すごく無難に、たいしたことをしていなければ、人はほとんどピンチになることはありません。でも言うまでもなく、成長することもないでしょう。

何も得るものもなく、同じままのあなたで、ずーっと一生が終わってしまうだけです。

ですので、とにかくピンチというのは、あなたが変化をしている証拠だと考えること。そう思えば、いろいろな苦難に、前向きに立ち向かっていくことができるのではないでしょうか。

▼対策を考え、記録しよう

そのうえで、もしあなたがピンチになったり、失敗をしたな…と思ったのなら。

どんなに小さなことでもいいので「反省点」を考えることです。

今回、こうなったのは、何が原因か？

今回と同じことが二度と起こらないためには、どうすればいいのか？

もしくは、万一、同じようなことが起こったときは、どう対処するのがベストか？

内容は何でもいいので、とにかく「2回同じことを起こさない、もしくは失うものを最小限にする」ためのルールを決めることです。それこそ日記などに、「マニュアル」として書いてもいいでしょう。

僕自身、原稿やウェブなども含めて、仕事でマニュアルを作ったりすることがあります。

そして何か、うまくいかないことがあったら、必ず「そのことをマニュアルに取り入れる」ことにしています。

これだけのストレスや、大変なことがあったのだから、せめてマニュアルとして、吸収しておかないと、成長するためのキッカケとしておかないと、ソンだ！

そういうふうに考えて、必ず対策を考えるようにしているのです。

おかげで、マニュアルはどんどん厚くなっていきますが、それこそが何よりの成長の証だと考えています。

あなたも、プライベートなことであっても、**必ず何かの「対策」を考え、それをハッキリと「記録」として残しておくこと**です。

▼ダメージを受けたから強くなる

これを繰り返していけば、同じミスを起こす可能性は格段に減ります。さらにもし同じことが起こっても、その損失は大きく減ります。

これを成長と言わないで、何を成長と言うのでしょうか。

実際にダメージを受けたからこそ、生きた「対策」を作ることができるわけです。

もしあなたが、一度もケガをしていないのに、「ケガをしたときはどうすればいいか？」というのをウダウダ考えても、机上の空論に過ぎません。

また実際にその状態になっていないので、そこまで必死に考えることもないのではないでしょうか。

実際に「あった」からこそ、本気で考え、さらに効率的な対策を作ることができるわけです。

骨折が治ると、その骨は、骨折前より強くなると言われています。同じように、小さなダメージを受けることにより、大きなダメージに対する防御力が、どんどん強くなっていくわけです。

▼ケガは進んでいる証拠だから

だから、忘れないでください。

転ばないように…。

ケガをしないように…。
そう思いながら、そろそろ歩いている人。
もしくは何もせずに、ただ畳に座っている人。
こういう人たちは、走り、転び、ケガをする人を、笑うかもしれません。
でも、本当に強く立派なのは、どちらでしょうか?
あなたも、あなたの思う方向に、ただ突き進めばいいんです。
もし、ケガをしたなら…。
それは、あなたがきちんと進んでいる、証拠なんですよ。

★夢をかなえる心の習慣24

○一流の人は、必ずどこかでピンチを経験している。

○そのため、うまくいかないときは、「これは一流に近づいている証拠なんだ」と考えること。

○そして失敗の直後に「今後、もう起こらないようにするためのマニュアル」を作って、ハッキリ記録として書いておくこと。

○これを繰り返すと、より何かのダメージに強い人間・組織ができあがる！

25

考えるより、もっと大事なこと

あなたは何かを行うときに、
いろいろと考えてしまうタイプでしょうか?
もしそうなら、こんな話を聞いてください。

▼大事なのは、「知っているか、知らないか」

アメリカの心理学者であるクランプは、海軍の将校を対象にして、こんな実験をしました。

まず彼は、ある資料を見せて、「この状況で、どう指示を出しますか？」と聞きました。

その結果、優秀な将校ほど、自分の中に決まったパターンを持ち、そのパターンに従って指示を出していました。

しかし、優秀でない将校は、そういうパターンを持たず、その場その場でゼロから考えて指示を出していたのです。

これ、かなり深い結果だと思うのですが、いかがでしょうか。

勉強でも同じです。

成績優秀な人は「生まれつき頭がいい」わけではありません。

とにかく勉強し、いろいろな試験問題や解法などのパターンを記憶しています。

そのため、新しい問題でも、今までのパターンの組み合わせで解いてしまいます。

逆に知らない人は、その場で考えてみるしかなく、限られたテスト時間の中で、結果を出せません。

これはパターンを知っているか、知らないかだけであって、「最初から頭がいいか・悪いか」ではないのです。

たとえばあなたも、小学校の算数などは、カンタンに解けるはずです。

これも別に「小学校のときに比べて格段に頭が良くなった」というわけではないはず。年齢と共に知能がメキメキ上がっている…というわけではなく、ただ単に「慣れて」「覚えて」いるからではないでしょうか。

これは仕事でも同じです。

新入社員に比べ、上司はたいていの仕事をこなせるはず。また新人がピンチになったとき、相談する相手は、言うまでもなく上司や先輩でしょう。

これもやはり「頭がいいから」ではなく、「いろいろと知識を蓄えているから」です。聞けばたいていの状況は経験しているため「あぁ、そのときは…」と、解決法を教えてくれるわけです。

すべて「知っているか・知らないか」だけなのです。

▼パターンは、考えても分からない

これは、あなたの人生においても、同じことです。

普通に生きていたら、考えても分からない問題は、たくさん存在するはず。

こんな場合は、「パターンがない」ということなのです。

こんなときに、いくら考えても、意味はまったくありません。ただ単に、堂々巡

りを繰り返すだけです。

パターンを知らない人が、どれだけ考えても、ムダなのです。それこそ、数学の教科書にのっている定理の一つ一つを、ゼロから発見しようと思うようなもの。

考えるより先に、「知る」ことが大切なのです。

ですので「答えが出ない」ときに、やれることは、たった二つだけ。

一つは**「聞く」**こと。その道を先に進んでいる人に、話を聞くことです。

あなたが起業しようとしているのなら、起業している人に話を聞きに行く。もちろん、起業の本を読むのでも構いません。

どんな形でもいいので「聞く」「知る」ことが大切です。

そしてもう一つ。

それこそが**「する」**ことです。

実際に自分がやってみて、とにかくその中で、いろいろと経験を積んでいくこと。

それによってパターンを身につけていくことです。

自分が体験したことは、何より強く学習されます。体験することによって、人に聞いたり、本を読んだりするよりも、よっぽど高い知識やパターンを得られるはずです。

いずれにしても大切なのは、「考える」より先に「聞く」か「やる」か。これしかありません。

パターンを知らないのに、ダラダラ考えることほど、無意味なことはないのです。

どうか覚えておいてくださいね。

▼一歩を踏み出す勇気を

もちろんどんなにパターンをつかんでも、最終的にすべてのパターンを把握することはできません。

いつかどこかで「それでも分からないこと」が出てくるはずです。
やはり人にはいつか「見えなくても進まなくてはいけない場所」ができてくるのです。
大切なのは、そのときに一歩を踏み出す勇気。
そのことを、忘れないでくださいね。

★夢をかなえる心の習慣25

○パターンをつかんでいる人のほうが、優秀な決断ができる。
○大切なことは「聞く」ことと、「やる」こと。
○それをせずに考えている時間ほど無意味なものはない。

26

できたと言えば、できるんだ

あなたには、夢がありますか？
そして、その夢を、実現することができますか？
実は、あなたの夢を現実にするための方法は、
簡単なのです。

▼できる、と信じること

カナダにあるヨーク大学のウェストラ博士は、不安神経症の患者さん67人を対象にして、どんな傾向がある人が、治療に反応しやすいかを調べました。

その結果、「自分の不安症状は非常に強いため、どんな治療をしても治らない」と思っている人は、長期的に治療効果が非常に悪く、本当にどんな薬剤やカウンセリングを行ったとしても、改善する率はとても少ない、ということを発見しました。

逆に、「自分はきっと治ることができる」と考えている人は、治療効果がとても高く、長期的に改善している率がとても高くなりました。

こういった調査を通して、ウェストラ博士は、

「本人ができると思っていれば、実際にできるようになる」

ということを結論づけています。

▼信じられないなら、できるわけがない

実際、人間にとって「信念」というのは、非常に大切です。

たとえばあなたは、歩くことができますでしょうか？　おそらく大半の方が「はい」と答えるはずです。そして実際に歩くことができるはずです。

それこそ「呼吸ができますか？」でも構いません。みなさんが「はい」と答えて、実際に呼吸できるはずです。できてなかったら救急車をお呼びください。

さて、しかし、「空を飛べますか？」と聞いたとしたら。おそらくほとんどの方が「はい」とは言えず、そして実際に飛ぶことができないはずです。

ここで「いやオレは飛べるんだ！」と思える人がいたとしたら、それは、自分で飛行機を作ったり、羽根を作ったり…。そんな方法で、何としても自分で飛ぶことができる、もしくはいつかそうできる人なのではないでしょうか。

結局、心の中で「できる！」と思っていないと、行動にすることはできないのです。

「できたらいいな」
「できるか分からない…」
「でも、たぶんできないだろうな…」
なんて思っている人は、いつまでたっても「できない」のです。

とにかく「できる！」と思うこと。「できる！」と固く信じ込むこと。

それこそ「信念」として、強く意識に刻み込むことです。それが行えていないのなら、あなたの夢は、絶対にかなうことはありません。

▼繰り返し、暗示をかけよう

では具体的に、どのようにしたら、「できる！」と信じ込むことができるのでしようか。

そのためのもっとも早い方法は、「繰り返す」ことです。

人間、どんな内容であっても、何度も繰り返して伝えられることで、信じてしまうという心理があります。ひと言で言えば「暗示」にかけるのです。

それこそ「飛べる」というような、一見ムチャな内容であっても…。

「飛べる、飛べる、飛べる、飛べる、飛べる、飛べる、飛べる、飛べる、飛べる、飛べる、飛べる、飛べる、飛べる、飛べる、飛べる…」

と何度も繰り返していたら…。本当に飛べるような気持ちになってきませんでしょうか。

▼人生観・価値観も暗示でつくられた

結局のところ、実はあなたの「価値観」だって同じなのです。

宗教でも、恋愛でも、人生への考え方でも、何でも構いません。

あなたの思考が、絶対的に正しいかどうかというのは、明確には説明できないはずです。

ただそれは、周囲から何度も言われてきたから。

繰り返されることで、「あぁ、何度も聞くから、それが正しいのかな…？」というように思っているのです。

人生観・価値観だって、広い意味では「暗示」なのです。

これはＣＭでも同じこと。どんな商品でも、何度もその商品のいいイメージのＣＭを見ていると、本当にそれがいいイメージに見えてきませんでしょうか。これも結局は暗示です。

人間、たとえ大人になっても、何度も繰り返されることで、その意識がじんわりと刻み込まれていくわけです。

ですので、とにかく今からでも、遅くありません。

あなたが「やりたい！」と思うことがあったら、とにかくまずは「できると信じる」こと。

そしてそのために**「何度も繰り返して、暗示にかける」**ことです。

ただ何度も言葉にする。

これくらいなら、必ずできるはずです。

▼断定形かつ完了形で

またその言葉を繰り返す場合、とにかく「断定形」にすることが大切です。

「やりたい！」ではなく「やる！」。

いえ余裕があれば「やった！」でも構いません。

内容は何でも構いません。試験に合格したいのなら、

「合格する！　合格する！　合格する……！」

もしくは、

「合格した！　合格した！　合格した……！」

と何度も繰り返しましょう。**やはり個人的にオススメは「完了形」です。**完了形にすることで、より濃密に、心に刻み込みます。

恋人を作りたいなら、

「恋人を作りたい」↓「恋人を作る」↓「恋人を作った！」

と思考変換を行って、

「恋人を作った！　恋人を作った！　恋人を作った！　恋人を作った！」

と繰り返すことです。

この方法のいいところは、何度も繰り返しているうちに、本当にその気になってくることです。

特に「完了形」だと言葉が強いので、より強く信じられてきます。

また「恋人を作った…？ そういえば、前に恋人を作っていたなぁ…」というように、連鎖的に過去の成功記憶を思い出せるという効果もあります。

それによって、気持ちがプラスに傾き、

「あのときできたんだから、また作るなんて余裕だよな」

と思うことだってできてきます。

とにかく完了形を繰り返すこと。これを可能なら毎日、行ってみてください。

僕自身、大学受験のとき、「合格した！」と何度も繰り返して、合格しました。

あの暗示がなかったら、もしかして今の自分もいなかったかもしれません。

▼言いづらさや違和感を抱いたら…

いかがでしたでしょうか。

試しに、何でもいいので、あなたの「夢」を、完了形にして、繰り返してみてください。

もし完了形にして何度も言っているうちに、言いづらさや違和感を抱いてきたら……。

その夢は絶対にかなうわけはありません。

言ってみれば、「ムリがありすぎる夢」ということです。

であれば、夢の再設計をする必要もあります。それに気づけただけでも、繰り返すことはムダではないのです。

大きな決断や大きな行動を起こさないとダメ。必ずしも、そんなふうに思わなくても大丈夫です。

そう思っている間に、どんどん時間は過ぎ去ってしまいます。

小さくてもいいので、その言葉を行動に移すことが大切なんですよ。

★夢をかなえる心の習慣26

○「やりたい！」と思うことがあったら、とにかくまずは「できると信じる」こと。
○そしてそのために「何度も繰り返して、暗示にかける」こと。
○さらにベストなのは「完了形」にすること。

27

1の継続は、100の大勝利に勝る

あなたは、人生でもっとも大切なことは何だと思いますか？
勝つこと？　成功すること？
いえ、それよりも、ずっとずっと大事なことがあるのです。
本書の最後は、こんな話で締めたいと思います。

▼継続できることのほうが大切

たとえば、宝くじやギャンブルで、一攫千金《いっかくせんきん》を狙う人っていますよね。でも、たとえそこで1億円を当てても、2億円を当てても…。それが1回だけであれば、何の意味もありません。

1回だけ1億円を当てるより、たとえば年収300万円で、30年働く…。そちらのほうが、よっぽど重要で、意味のあることなのです。

実際、1億円がまとまって入ってしまったら、たいていの人が使い切ってしまいます。しかし300万円が毎年入ったとしたら、そこまでムダ使いをすることはないはずです。

また1億円を手に入れた人が、他の人に「成功の秘訣は?」と聞かれたりしても、何も言うことはできません。

子どもに伝えられることも、何もないはずです。せいぜい「宝くじをひたすら買え」としか言えません。

しかし、年収300万円でずっと働いてきた人は、たとえばその300万円にたどりつく方法を、子どもに伝えることもできますし、教育だってできるはずです。

そうすれば、その年収300万円という一定収入を、世代を超えて継続だってできるはずです。その中でお金がたまったりすれば、それを元に、さらにステップアップすることだって可能です。

しかし1億円を一瞬で稼いだ場合は、それも不可能です。しかも、実際に1億円を当てられる人なんて、数えるほどしかいません。

またあなたは、川の前でお腹を空かせている人がいたら、どうしますか?

A　川から魚をとって、食べさせてあげる

B　川から魚をとる方法を教えてあげる

言うまでもなく、より大切なのは、Bのはずです。

Aは一瞬だけ満腹にしますが、そのあとでまた空腹になります。しかしBは、その瞬間の腹を満たすことはありませんが、うまく学習できれば、継続的に魚を得ることができます。

一瞬の勝利・幸せもとてもイイことなのですが、それ以上に、「ずっと継続できること」のほうが、ずっとずっと大切なのです。

▼プロとアマの差

実際、ドイツの心理学者であるクランプは、「アマチュアのピアニスト」と、「音楽アカデミーに所属するプロのピアニスト」を対象にして、どれくらいピアノの練習をしているかを調査しました。

その結果、プロは週に33時間。一日につき、約5時間の練習をしていました。しかし、アマチュアは週に3時間程度の練習しかしていなかったのです。

ある意味、当然といえば当然かもしれません。

しかしここにこそ、すべての「差」があらわれているのです。

プロだから、練習する必要もない…と誤解をしている人もいるかもしれません。

でもやっぱり、プロは練習しているのです。

それだけ多くの時間を、そのことに費やしているのです。

どんなに成功しても、どんなに上達しても、「だから何もしなくていい」なんて、ないのです。

常に！　どんな状態になっても！

とにかくそれを続けることができる。

毎日、それを継続できる。

それができる人こそが、だからこそ成功し、より上達していくのです。

▼遊んで暮らせるというのは矛盾している

もし、あなたが「いつか成功したら、遊んで暮らせる」と思っているのなら……。もうその考えからして、成功者やプロと「矛盾している」ことになります。

なぜなら、先ほどの調査にあるように、プロほど練習するからです。同じように、ビジネスでお金を稼ぐことに成功している人ほど、より濃密にビジネスにのめりこんでいくものです。

最近亡くなった、アップルのスティーブ・ジョブズも、アップルの社長でなかった時期にも、さまざまな仕事を興しています。

成功者は、結局、常に毎日、何かをしています。そしてだからこそ、成功できるわけです。

くどいですが、「成功したら、遊んで暮らせる」わけではないのです。

さらに先ほどの例でも言いますが、「宝くじで勝ったら、遊んで暮らせる」なんて考えているとしたら、それは間違い中の間違いというわけです。

結局、何より強いのは「継続」です。

あきらめず続けていくことが何より重要なのです。

▼ムダは、ムダではない

仕事や勉強も同じです。

ある瞬間にサボってしまった…。

寝てしまった…。

しかしそれでも！　気にせず、ただ机に向かう！

これを行える人は、ちょちょっとうまくいった人よりも、最終的にずっと高い位置にいることができます。

僕自身の話なのですが。

僕も、ネタを考えても、出ないときが多々あります。そんなとき、寝てしまったり、マンガを読んでしまったり、ネットを見たりしてしまうこともあります。

でも、しばらくあとに、また机に向かってみると、不思議とできているのです。

考えてみますと。たとえ遊んでいても、机に向かっていた時間こそが重要なのだな、と。

それこそ「あれだけ遊んだのだから」とか、「頑張ったのに、できなかった」という罪悪感があるからこそ、より気持ちが追い込まれ、活性化するのかな、と思ったりもします。

とにかく結局**「継続」**。

何度だってそれに向かう。

その積み重ねで、何かは生まれるんです。

▼気持ちだけでも、持ち続けること

何度も言いますが、人生は「継続」です。

どんなに劇的な勝利でなくても。ものすごい額を稼がなくても。

ただ一定のものを継続して得られている人間が最高なのです。立ち続けていることこそが、勝利なのです。

もちろん、行動できることがベストでしょう。しかし、もしそれすらできないのなら、せめて**「気持ちを持ち続ける」**ことです。気持ちさえも捨てたら、それは敗北なのです。

ステキな恋愛がしたい。大学に合格したい。仕事で成功したい。

内容は何でもいいんです。ただその気持ちから逃げず、毎日「持つ」こと。

それは、どんな一瞬の大勝利より、ずっとずっと素晴らしいことなんですよ。

▼今日を「良かった」で満たそう

こんな言葉があります。


「過去の成果で未来を生きることはできない。

人は一生何かを生み出し続けなければならないのだ」


どんな人でも、一回の勝利だけで、一生を生きていくことなんて、できません。

もしそれができたとしても、ただ酒場で「オレも昔は…」「私もあのときは…」なんて語るだけの人生になってしまうだけです。

一瞬の勝利も、非常に素晴らしいことです。

でも、それよりずっと大切なのは、毎日、自分の思う方向に、進み続けること。

小さくても今日を「良かった」で満たすこと。

それさえしていれば、あなたはどんな人よりも、ずっと成功しているんですよ。

★夢をかなえる心の習慣27

○プロは、アマの10倍近く練習をしている。
○すなわち、「何かで成功したら、一生遊んで暮らせる」なんて考えるのは、矛盾している。
○大切なのは、継続。そのために毎日何かを行うこと。
○もしそれがムリなら、その気持ちだけは持ち続けること。

ここまで読んでくださって、本当にありがとうございました。
あなたの幸せを心より願っております。

Columun **5**

成功は素直に喜ぼう！

実はイギリスの心理学者であるヒルズらが250名以上の人を対象にして行った調査によると、**「小さな成功であっても、大喜びできる人」は、「現在の自分に強く満足していることが多かった」**そうです。さらに現在、成功している人が多かったとか。

たとえば、友達とジャンケン。勝っても負けても、「あー」みたいに無反応な人より、「やった、勝ったー！」「負けたぁっ！ちくしょー！」というように、大げさに喜び、悲しむ人のほうが、よっぽど成功しやすい、というわけです。

もちろんジャンケンに限らず、小さなテストやパズルなどでも同じ。ちょびっとした成功であっても、とにかく大喜び。「まぁ、こんなコトで勝ってもしょうがないしなぁ…」というように、冷めた反応をしている人は、結果的に大きな喜びを得ることはできない…というわけです。

ですので、大切なのは、**どんなに小さくてもいいので、成功を素直に喜んでみること。**内容は何でも構いません。一つでもうまくいったら、「いいじゃん！すごいじゃん！」とベタ誉めすることです。

これは自分だけに限りません。他人であっても同じです。相手が小さなことで成功したら、とにかく「やったねー！」と、喜んであげること。これを繰り返すだけで、相手も「そ、そうかな…？」と思えてきて、最終的にもっと大きな成功につながります。

もちろんやり過ぎは逆効果かもしれませんが、とにかく「少しだけ大きく表現する」ということは、何より大切です。どうか覚えておいてくださいね。

【参考文献】

『やさしい精神医学』西丸四方、西丸甫夫（南山堂）
『精神医学入門』西丸四方、西丸甫夫（南山堂）
『成功者の習慣が身につく「超」心理術』内藤誼人（東洋経済新報社）
『人生のサンタク―迷いがなくなる心理学』津田秀（PHP研究所）
『はじめての認知療法』大野裕（講談社現代新書）
『図解 やさしくわかる認知行動療法』貝谷久宣、福井至（ナツメ社）
『世渡り上手のすごい心理テクニック』エンサイクロネット・ビジネス（PHP研究所）
『RESOLVE 自分を変える最新心理テクニック』リチャード・ボルスタッド（春秋社）他

ブックデザイン――村橋雅之

【著者紹介】
ゆうきゆう
精神科医・作家
ゆうメンタルクリニックグループ総院長
東京大学医学部卒業。研修医時代からメールマガジンを発行し、読者数は16万人、ウェブサイトは1億ヒットを記録する。心理に関する書籍を100冊近く刊行。『相手の心を絶対に離さない心理術』（海竜社）、『マンガで分かる心療内科』（少年画報社）他、累計発行部数は300万部を超える。世界中の人が少しでも笑顔になるといいなぁ、と思いつつ今日も生きる。

【ホームページ】
心理学ステーション　http://sinri.net/
【ゆうメンタルクリニック（心療内科・精神科）】
上野院　03-6663-8813　http://yucl.net/
池袋院　03-5944-8883　http://yuik.net/
新宿院　03-3342-6777　http://yusn.net/
渋谷院　03-5459-8885　http://yusb.net/

やりたいことをぜんぶ実現する方法

二〇一三年八月六日　第一刷発行

著　者＝ゆうきゆう

発行者＝下村のぶ子

発行所＝株式会社　海竜社
東京都中央区明石町十一の十五　〒一〇四―〇〇四四
電　話（〇三）三五四二―九六七一（代表）
ＦＡＸ（〇三）三五四一―五四八四
郵便振替口座＝〇〇一一〇―九―四四八八六
ホームページ＝http://www.kairyusha.co.jp

印刷・製本所＝シナノ印刷株式会社

ISBN978-4-7593-1329-1　C0095